U0615545

滙古菁華

（第三册）

UESTCP

电子科技大学出版社

第三册目録

滙古菁華

八

滙古菁華卷十

周秦文

管仲論君臣

圓者運運者通通則和方者執執者固固則信君以利和臣以節信則上下無邪矣故曰君人者制仁臣人者守信此言上下之禮也君之在國都也若心之在身體也道德定於上則百姓化於下矣戒心刑於內則容貌動於外矣正也者所以明其德知得諸已知得諸民從其理也知失諸民退而

修諸己反其本也所求於己者多故德行立所求於人者少故民輕給之故人君者上注人臣者下注上注者紀天時務民力下注者發地利足財用也故能餙大義審時節上以禮神明下以義輔佐者明君之道也能據法而不阿上以匡主之過下以振民之病者忠臣之所行也君子食於道則禮審而義明禮審而義明則倫等不踰雖有偏卒之大夫不敢有幸心則上無危齊民食於力則作本作本者衆農以聽命是以明君立世民之制於上

猶草木之制於時也故民迂則流之民流則迂之決之則行塞之則止雖有明君能決之能塞之決之則君子行於禮塞之則小人篤於農君子行於禮則上尊而民順小人篤於農則財厚而備足上尊而民順財厚而備足四者備體頃時而王不難矣四肢六道身之體也四正五官國之體也四肢不通六道不達曰失四正不正五官不官曰亂是故國君聘妻於異姓設爲姪娣命婦宮女盡有法制所以治其內也明男女之別昭嫌疑之節所以

防其姦也是以中外不通讒慝不生婦言不及宮事而諸臣子弟無宮中之交此先王所以明德圉姦昭公臧私也

管仲八觀篇

大城不可以不完郭周不可以外通里域不可以横通閭閈不可以毋闔宫垣關閬不可以不修故大城不完則亂賊之人謀郭周外通則姦遁踰越者作里域横通則攘奪竊盜者不止閭閈無闔外内交通則男女無别宫垣不備關閬不固雖有良貨不能守也故刑勢不得爲非則姦邪之人慤愿禁罰威嚴則簡慢之人整齊憲令著明則蠻夷之人不敢犯賞慶信必則有功者勸教訓習俗者衆

則君民化變而不自知也是故明君在上位刑省罰寡非可刑而不刑非可罪而不罪也明君者閒其門塞其途弇其迹使民無由接於淫非之地是以民之道正行善也若性然故罪罰寡而民以治矣

行其田墅視其耕耘計其農事而饑飽之國可以知也其耕之不深耘之不謹地宜不任草田多穢耕者不必肥荒者不必墝以人猥計其墅草田多而辟田少者雖不水旱饑國之墅也若是而民寡

則不足以守其地若是而民衆則國貧民饑以此遇水旱則衆散而不收彼民不足以守者其城不固民饑者不可以使戰衆散而不收則國爲丘墟故曰有地君國而不務耕耘寄生之君也故曰行其田野視其耕耘計其農事而饑飽之國可知也行其山澤觀其桑麻計其六畜之產而貧富之國可知也夫山澤廣大則草木易多也壤地肥饒則桑麻易植也薦草多衍則六畜易繁也山澤雖廣草木無禁壤地雖肥桑麻無數薦草雖多六畜有

征閉貨之門也故曰時貨不遂金玉雖多謂之貧
國也故曰行其山澤觀其桑麻計其六畜之產而
貧富之國可知也
入國邑視宮室觀車馬衣服而侈儉之國可知也
夫國城大而田野淺狹者其野不足以養其民城
域大而人民寡者其民不足以守其城宮營大而
室屋寡者其室不足以實其宮室屋衆而人徒寡
者其人不足以處其室囷倉寡而臺榭繁者其藏
不足以供其費故曰主上無積而宮室美氓家無

積而衣服修乘車者飾觀望步行者雜文采本資少而末用多者侈國之俗也國侈則用費用費則民貧民貧則姦智生姦智生則邪巧作故姦邪之所生生於匱不足匱不足之所生生於侈侈之所生生於無度故曰審度量節衣服儉財用禁侈泰爲國之急也不通於若計者不可使用國故曰入國邑視宮室觀車馬衣服而侈儉之國可知也課凶饑計師役觀臺榭量國費而實虛之國可知也凡田野萬家之衆可食之地方五十里可以爲

足矣萬家以下則就山澤可矣萬家以上則去山澤可矣彼野悉辟而民無積者國地小而食地淺也田半墾而民有餘食而粟米多者國地大而食地博也國地大而野不辟者君好貨而臣好利者也辟地廣而民不足者上賦重流其藏者也故曰粟行於三百里則國無一年之積粟行於四百里則國無二年之積粟行於五百里則衆有饑色其稼亡三之一者命曰小凶小凶三年而大凶大凶則衆有大遺苞矣什一之師什三毋事則稼亡三

之一而非有故蓋積也則道有捐瘠矣什一之師三年不解非有餘食也則民有鬻子矣故曰山林雖近草木雖美宮室必有度禁發必有時何也曰大木不可獸伐也大木不可獨舉也大木不可獨運也大木不可加之薄墻之上故曰山林雖廣草木雖美禁發必有時國雖充盈金玉雖多宮室必有度江海雖廣池澤雖博魚鱉雖多罔罟必有正船網不可一財而成也非私草木愛魚鱉也惡廢民於生穀也故曰先王之禁山澤之作者博民於

生穀也彼民非穀不食穀非地不生地非民不動民非作力毋以致財天下之所生生於用力用力之所生生於勞身是故主上用財無已是民用力無休也故曰臺榭相望者其上下相怨也民無餘積者其禁不必止衆有遺苞者其戰不必勝道有捐瘠者其守不必固故令不必行禁不必止戰不必勝守不必固則危亡隨其後矣故曰課凶饑計師役觀臺榭量國費而實虛之國可知也

入州里觀習俗聽民之所以化其上而治亂之國

可知也州里不鬲閭閈不設出入無時早宴不禁
則攘奪竊盜攻擊殘賊之民毋自勝矣食谷水巷
鑿井場圃接樹木茂宮墻毀壞門戶不閉外內交
通則男女之别毋自正矣鄉無長游里無士舍時
無會同喪蒸不聚禁罰不嚴則齒長輯睦毋自生
矣故昏禮不謹則民不脩廉論賢不鄉舉則士不
及行貨財行於國則法令毀於官請謁得於上則
黨與成於下鄉官無法制百姓羣徒不從此亡國
弑君之所自生也故曰入州里觀習俗聽民之所

以化其上者而治亂之國可知也

入朝廷觀左右本求朝之臣論上下之所貴賤者而彊弱之國可知也功多爲上祿賞爲下則積勞之臣不務盡力治行爲上爵列爲下則豪傑材臣不務竭能便辟左右不論功能而有爵祿則百姓疾怨非上賤爵輕祿金玉貨財商賈之人不論志行而有爵祿也則上令輕法制毀權重之人不論才能而得尊位則民倍本行而求外勢彼積勞之人不務盡力則兵士不戰矣豪傑材人不務竭能

則內治不別矣百姓疾怨非上賤爵輕祿則上毋以勸衆矣上令輕法制毀則君無以使臣臣無以事君矣民倍本行而求外勢則國之情僞竭在敵國矣故曰入朝廷觀左右本求朝之臣論上下之所貴賤者而彊弱之國可知也

置法出令臨衆用民計其威嚴寬惠行於其民與不行於其民可知也法虛立而害疏遠令一布而不聽者存賤爵祿而無功者富然則衆必輕令而上位危故曰良田不在戰士三年而兵弱賞罰不

信五年而破上賣官爵十年而亡倍人倫而禽獸行十年而滅戰不勝弱也地四削入諸侯破也離本國徙都邑亡也有者異姓滅也故曰置法出令臨衆用民計威嚴寬惠而行於其民不行於其民可知也

計敵與量上意察國本觀民產之所有餘不足而存亡之國可知也敵國强而與國弱諫臣死而諛臣尊私情行而公法毀然則與國不恃其親敵國不畏其强豪傑不安其位而積勞之人不懷其祿

悅商販而不務本貨則民偷處而不事積聚豪傑不安其位則良臣出積勞之人不懷其祿則兵士不用民偷處而不事積聚則囷倉空虛如是而君不爲變然則攘奪盜竊賤賊進取之人起矣內者廷無良臣兵士不用囷倉空虛而外有强敵之憂則國居而自毀矣故曰計敵與量上意察國本觀民產之所有餘不足而存亡之國可知也故以此八者觀人主之國而人主無所匿其情矣

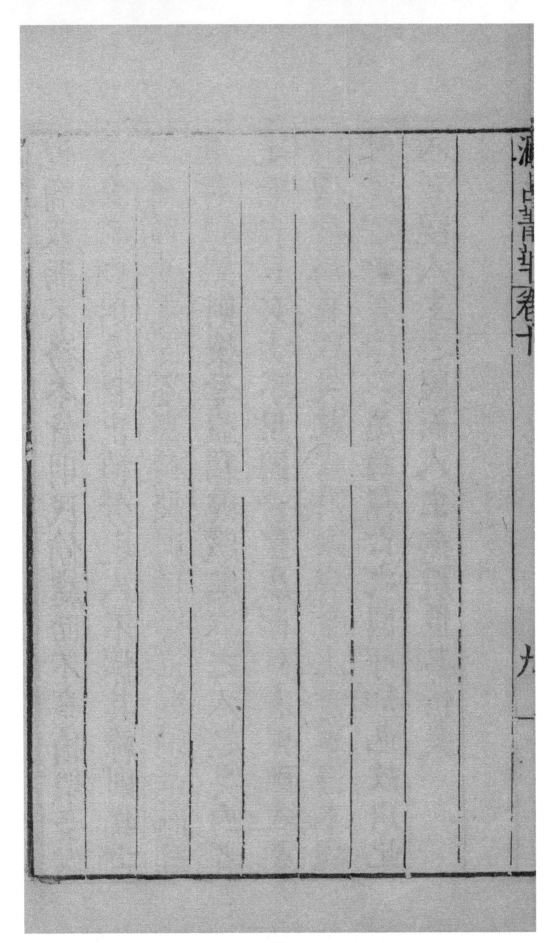

晏嬰論事君

仲尼之齊見景公而不見晏子子貢曰見君不見其從政者可乎仲尼曰吾聞晏子事三君而順焉吾疑其爲人晏子聞之曰嬰則齊之世民也不維其行不識其過不能自立也嬰聞之有幸見愛無幸見惡誹譽爲類聲響相應見行而從之者也嬰聞之以一心事三君者所以順焉以三心事一君者不順焉今未見嬰之行而非其順也嬰聞之君子獨立不慙於影獨寢不慙於魂孔子拔樹削迹

不自以爲辱窮陳蔡不自以爲約非人不得其故是猶澤人之非斤斧山人之非網罟也出之其口不知其困也始吾望儒而貴之今吾望儒而疑之仲尼聞之曰語有之言發於邇不可止於遠也行存於身不可揜於衆也吾竊議晏子而不中夫人之過吾罪幾矣丘聞君子過人以爲友不及人以爲師今丘失言於夫子譏之是吾師也因宰我而謝焉延仲尼見之

晏嬰論隱君賜

景公飲酒田桓子侍望見晏子而復於公曰請浮晏子公曰何故也無宇對曰晏子衣緇布之衣麋鹿之裘棧軫之車而駕駑馬以朝是隱君之賜也公曰諾晏子坐酌者奉觴進之曰君命浮子晏子曰何故也田桓子曰君賜之卿位以尊其身寵之百萬以富其家群臣其爵莫尊於子祿莫重於子今子衣緇布之衣麋鹿之裘棧軫之車而駕駑馬以朝是則隱君之賜也故浮子晏子避席曰請飲

而後辭乎其辭而後飲乎公曰辭然後飲晏子曰君之賜卿位以尊其身嬰非敢爲顯受也爲行君令也寵以百萬以富其家嬰非敢爲富受也爲通君賜也臣聞古之賢君有受厚賜而不顧其困族則過之臨事守職不勝其任則過之君之內隸臣之父兄若有離散在於野鄙此臣之罪也君之內隸臣之所職若有播之在於四方此臣之罪也兵革之不完戰車之不修此臣之罪也若夫弊車駑馬以朝意者非臣之罪乎且臣以君之賜父之黨

無不乘車者毋之黨無無不足於衣食者妻之黨無凍餒者國之閑士待臣而後舉火者數百家如此者爲彰君賜乎爲隱君賜乎公曰善爲我浮無宇也

孫臏論虛實

孫子曰凡先處戰地而待敵者逸後處戰地而趨敵者勞故善戰者致人而不致於人能使敵人自致者利之也能使敵人不得致者害之也故敵佚能勞之飽能饑之安能動之出其所不趨趨其所不意行千里而不勞者行於無人之地也攻而必取者攻其所不守也守而必固者守其所不攻也故善攻者敵不知其所守善守者敵不知其所攻微乎微乎至於無形神乎神乎至於無聲故能爲

敵之司命進而不可禦者衝其虛也退而不可追者速而不可及也夫我欲戰敵雖高壘深溝不得不與我戰者攻其所必救也我不欲戰雖畫地而守之敵不得與我戰者乖其所之也故形人而我無形則我專而敵分我專爲一敵分爲十是以十攻其一也則我衆敵寡能以衆擊寡則吾之所與戰者約矣吾所與戰之地不可知不可知則敵所俻者多敵所俻者多則吾所與戰者寡矣故備前則後寡備後則前寡備左則右寡備右則左寡無

所不備則無所不寡寡者備人者也衆者使人備已者也故知戰之地知戰之日則可千里而會戰不知戰地不知戰日則左不能救右右不能救左前不能救後後不能救前而況遠者數十里近者數里乎以吾度之越人之兵雖多亦奚益於勝哉故曰勝可爲也敵雖衆可使無鬬故策之而知得失之計作之而知動靜之理形之而知死生之地角之而知有餘不足之處故形兵之極至於無形無形則深間不能窺智者不能謀因形而措勝於

衆衆不能知人皆知我所以勝之形而莫知我所以制勝之形故其戰勝不復而應形於無窮夫兵形象水水之形避高而趨下兵之形避實而擊虛水因地而制流兵因敵而制勝故兵無常勢水無常形能因敵變化而取勝者謂之神故五行無常勝四時無常位日有短長月有死生

墨翟親士

入國而不存其士則亡國矣見賢而不急則緩其君矣非賢無急非士無與慮國緩賢忘士而能以其國存者未曾有也昔者文公出走而正天下桓公去國而伯諸侯越王句踐遇吳王之醜而尚攝中國之賢君三子之能達名成功於天下也皆於其國抑而大醜也太上無敗其次敗而有以成此之謂用民吾聞之曰非無安居也我無安心也非無足財也我無足心也是故君子自難而易彼衆

人自易而難彼君子進不敗其志內究其情雖雜傭民終無怨心彼有自信者也是故為其所難者必得其所欲焉未聞為其所欲而免其所惡者也是故偪臣傷君諂下傷上君必有弗弗之臣上必有絡絡之下分議者延延而支苟者諮諮焉可以長生保國臣下重其爵位而不言近臣則喑遠臣則唫然結於民心諂諛在側善議障塞則國危矣桀紂不以其無天下之士耶殺其身而喪天下故曰歸國寶不若獻賢而進士今有五錐此其銛銛

者必先挫有五刀此其錯錯者必先靡是以甘井近竭招木近伐靈龜近灼神蛇近暴是故比干之殪其杭也孟賁之殺其勇也西施之沈其美也吳起之裂其事也故彼人者寡不死其所長故曰大盛難守也故雖有賢君不愛無功之臣雖有慈父不愛無益之子是故不勝其任而處其位非此位之人也不勝其爵而處其祿非此祿之主也良弓難張然可以及高入深良馬難乘然可以任重致遠良才難令然可以致君見尊是故江河不惡小

谷之滿巳也故能大聖人者事無辭也物無違也故能爲天下器是故江河之水非一源也千鎰之裘非一狐之白也夫惡有同方取不取同而巳者乎盖非兼王之道也是故天地不昭昭大水不潦潦大火不燎燎王德不堯堯者乃千人之長也其直如矢其平如砥不足以覆萬物是故谿陜者速涸逝淺者速竭墝埆者其地不育王者淳澤不出宮中則不能流國矣

列禦寇天瑞篇

子列子居鄭圃四十年人無識者國君卿大夫眎之猶衆庶也國不足將嫁於衛弟子曰先生往無反期弟子敢有所謁先生將何以教先生不聞壺丘子林之言乎子列子笑曰壺子何言哉雖然夫子嘗語伯昏瞀人吾側聞之試以告女其言曰有生不生有化不化不生者能生生不化者能化化生者不能不生化者不能不化故常生常化常生常化者無時不生無時不化陰陽爾四時爾不生

者疑獨不化者往復其際不可終疑獨其道不可窮黃帝書曰谷神不死是謂玄牝玄牝之門是謂天地之根緜緜若存用之不勤故生物者不生化物者不化自生自化自形自色自智自力自消自息謂之生化形色智力消息者非也子列子曰昔者聖人因陰陽以統天地夫有形者生於無形則天地安從生故曰有太易有太初有太始有太素太易者未見氣也太初者氣之始也太始者形之始也太素者質之始也氣形質具而未相離故曰

渾淪渾淪者言萬物相渾淪而未相離也視之不見聽之不聞循之不得故曰易也易無形埒易變而爲一一變而爲七七變而爲九九變者究也乃復變而爲一一者形變之始也清輕者上爲天濁重者下爲地冲和氣者爲人故天地含精萬物化生子列子曰天地無全功聖人無全能萬物無全用故天職生覆地職形載聖職教化物職所宜然則天有所短地有所長聖有所否物有所通何則生覆者不能形載形載者不能教化教化者不能

違所宜宜定者不出所位故天地之道非陰則陽聖人之教非仁則義萬物之宜非柔則剛此皆隨所宜而不能出所位者也故有生者有生生者有形者有形形者有聲者有聲聲者有色者有色色者有味者有味味者生之所生者死矣而生生者未嘗終形之所形者實矣而形形者未嘗有聲之所聲者聞矣而聲聲者未嘗發色之所色者彰矣而色色者未嘗顯味之所味者嘗矣而味味者未嘗呈皆無爲之職也能陰能陽能柔能剛能短能

長能圓能方能生能死能暑能凉能浮能沉能宫能商能出能没能玄能黄能甘能苦能羶能香無知也無能也而無不知也而無不能也

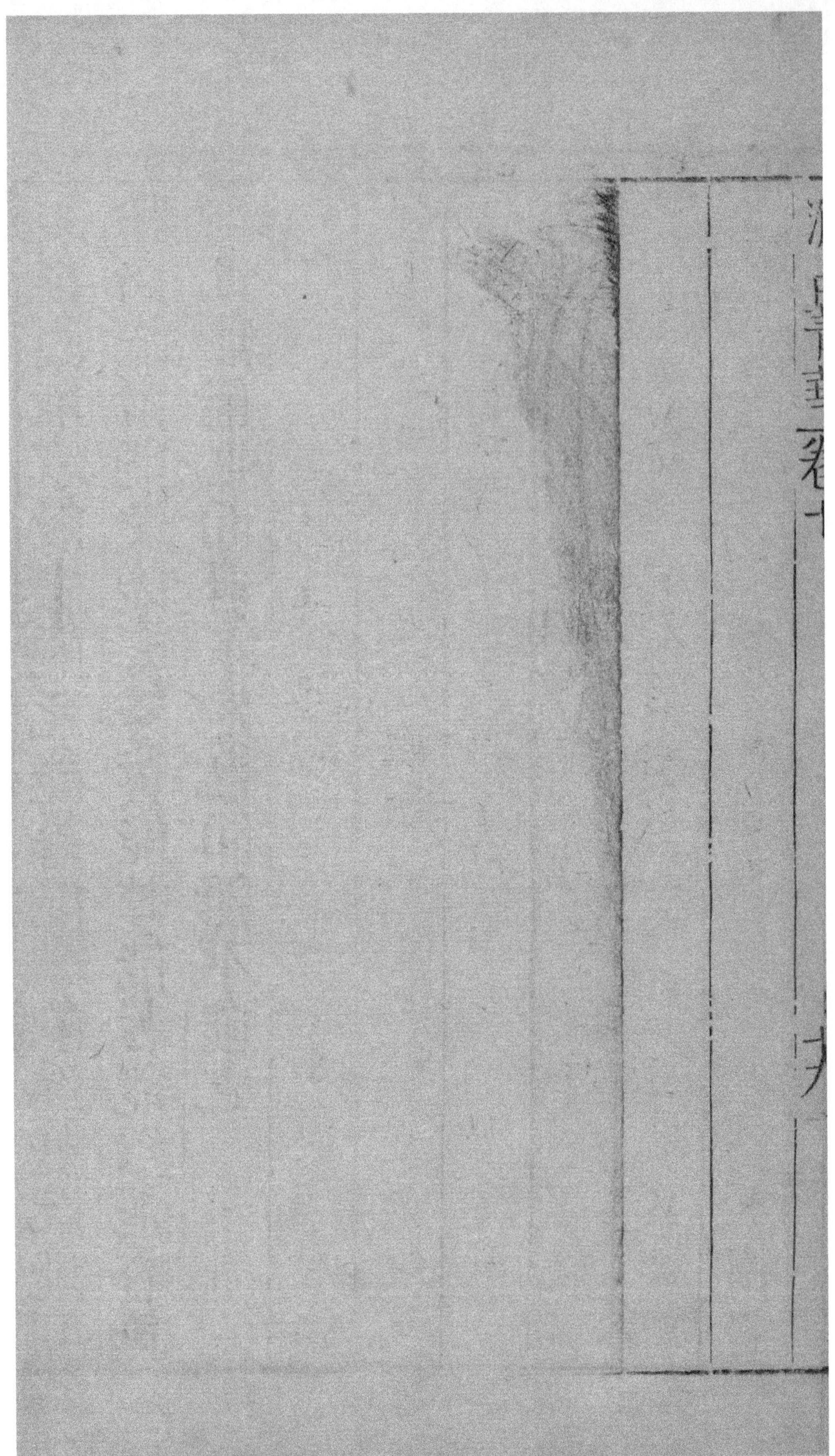

列禦寇論御

造父之師曰泰豆氏造父之始從習御也執禮甚卑泰豆三年不告造父執禮愈謹乃告之曰古詩言良弓之子必先爲箕良冶之子必先爲裘汝先觀吾趨趨如吾然後六轡可持六馬可御造父曰惟命所從泰豆乃立木爲塗僅可容足計步而置履之而行趨走往還無跌失也造父學之三日盡其巧泰豆歎曰子何其敏也得之捷乎凡所御亦如此也曩汝之行得之於足應之於心推於御也

齊輯乎轡御之際而急緩乎脣吻之和正度於胸臆之中而執節乎掌握之間內得於中心而外合於馬志是故能進退履繩而旋曲中規矩取道致遠而氣力有餘誠得其術也得之於銜應之於轡得之於轡應之於手得之於手應之於心則不以目視不以策驅心閑體正六轡不亂而二十四蹄所投無差迴旋進退莫不中節然後輿輪之外可使無餘轍馬蹄之外可使無餘地未嘗覺山谷之嶮原隰之夷視之一也吾術窮矣汝其識之

程本論北宮子仕

北宮子將仕於衛子華子曰意來子之所以自事其心者亦嘗有以語我乎北宮子曰意未得以卒業也以是樵蘇之弗繼餬其顚頗於人雖然謹志其所欲爲於善而違其惡也庶幾於完子華子愀然變乎容有間曰意是何言歟善奚足願而惡奚足違吾語若聖人不出天下潰潰日趨於迷欲以有已而卒於喪已欲以達之於人而卒於失人凡以善故王者作興將以濯滌今世之惛怓去善其

殆可乎哉善弗去亂未艾也而又奚以善爲圯宫子曰嘻有是哉顧畢其說子華子曰人中虛圓不徑寸神明舍焉事物交滑如理亂棼如涉驚湲一則以之怵惕一則以之忌諱一則以之懲創是則一日之間一時之頃而徑寸之地如炎如冰矣夫所謂神明者其若之何而堪之神弗留則蠹明弗居則耗而又奚以善爲古之知道者洎兮如大羹之未調謳謳兮如將孩隨推而遷因蕩而還其精日津津若遺而復存其神明休休常與道謀去羹

去慕孰知其故今子之言曰謹志於爲善則不善者將誰與耶違子之所惡則惡將誰歸耶予而勿受歸而勿納則必有忿悁之心起而與我立敵矣以我矜願之意而接彼忿悁之心何爲而不鬬鬬且不止小則囂凌詬誶大則碎首穴胸夫以若之言而幸於完其幾於殆矣北宮子曰嘻若是其甚也子華子曰有甚哉吾語若禍之所自起亂之所由生皆存乎欲善而違惡今天下老師先生端弁帶而說乃以是召亂也學者相與熏沐其中扃而

亦唯此之事是事禍也父以是故不慈子以是故不孝兄以是故不友弟以是故不共夫以是故不師婦以是故不從君以是故不仁臣以是故不忠大倫蠹敗人紀消亡結轍以趨之而猶恐其弗及也悲夫石碏欲完其名而殺厚公子輒欲專其國而拒蒯聵寤生克段忽出而突入季友鴆慶父叔向誅鮒雍紏之妻尸紏於朝莊仲子欲託其帑於魯而先斃其室先君厲公一言而殺三郤華督父弒忽於與夷毛舉其目尚不勝爲數也是皆名爲

求得所欲而能違所不欲者矣然且大倫斁敗人紀消亡結轍以趨之而猶恐其弗及也悲夫吾語若亂之所由生禍之所自起皆存於欲善而違惡夫人之中虛也不得其所欲則疑得其所不欲則惑疑惑載於中虛則荊棘生矣父不疑於其子子必孝兄不疑於其弟弟必共夫不疑於其婦婦必貞君不疑於其臣臣必忠是還至而効者也百事成而一事疑道必廢三人行而一人惑議必格大道之世上下洞達而無疑志堯舜三代之王也無

意於王而天下治所循者直道故也是以天下和平天下之所以平者政平也政之所以平者人平也人之所以平者心平也夫平猶權衡然加銖兩則移矣載其所不欲其爲銖兩者倍矣故曰矜功者不立虛願者不至非惟不足以得福而行又以召禍故吾不悅於子之言今子亦平其所養而直以行之何往而不得何營而不就而又奚以善爲且善不可以有爲也堯曰若之何而善於予之事舜亦曰若之何而善於予之事是上與下爭爲善

也上與下爭爲善是兩實也兩實則烏得平平不施焉則惡得直失其所以平直則堯無以爲堯矣舜無以爲舜矣吾子謹志於堯舜也而又奚以善爲北宮子之衛主於叔車氏叔車氏有寵於衛君國人害其變而將討之北宮子喟然嘆曰吾爲是違夫子之言也是以獲戾於此也吾何以衛爲致其所以爲臣而歸

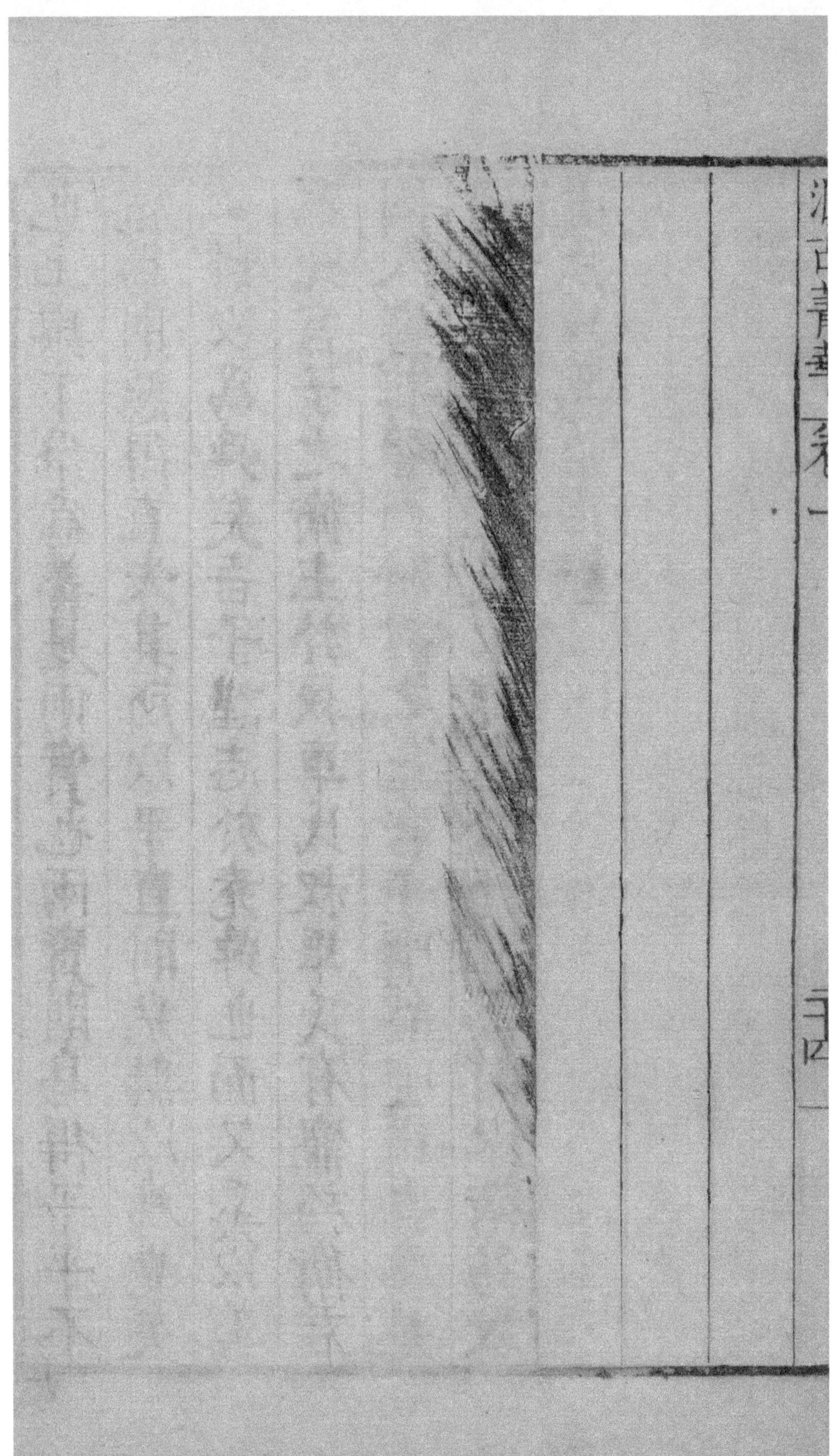

程本謂晏子

子華子謂晏子曰天地之間有所謂隱戮者而莫之或知知之者其幾於道乎晏子曰何謂也子華子曰天地之生才也實難其有以生也必有所用也如之何其將擁之蔽之而使之不得以植立也天地之所大忌也日月之所燭燎也陰陽之所杌移也鬼神之所伺察也是以帝王之典進賢者受上賞不薦士者罰及其身善善而惡惡其實皆行于後嘗試觀之夫物之有材者其精華之藴神明

之所固護而袐惜不可以知力竊也蒙金以沙固玉以璞珠之所生漩栢之淵而隈澳之下也豫章楩柟之可以大斷者必在夫大山穹谷孱顏嶇峿之區抉剔之掎摭之剥削之苟不中於程度則有虎狼蛟黿虺蜴之變雷霆崩墜覆壓之虞何以故天地之生材也實難其有以生也必有所用也如之何其將壅之蔽之而使之不得以植立是謂之違天而黷明違天而黷明神則殛之雖大必折雖災必撲荒落而類圯敗而族夫是之謂隱戮隱戮

也者陰騭之反也如以匙鑰也如以璽印塗也必以其類其應如響晏子曰駭乎哉吾子之言也嬰也願遂其所以聞子華子曰大夫無甚怪於余之所以言也余之所以言其有以云也今夫人之常情爲惡其毁也成惡其虧也於其所愛焉者則必有恪固之心恪固之心萌於中虛卒然而攻其所甚愛則必曹起而爭爭而不得則必氣沮而志奪氣沮而志奪則拂然而怒填乎膺拂然而怒填乎膺則將無與爲敵者矣天地之所以生材也甚

愛之甚惜之則其所以有恪固之心曾何以異夫人之常情世之人莫之或知也徒恃其胸腹之私輿其狡譎變詐之數翕翕而訑訑巧觝而深排規以幸人不已勝也夫人之勝人也何有天地之鑒也神明之照也甚可畏也甚可怖也如使之氣沮而志奪拂然而怒以充塞乎兩間偏倶厎歷聚而爲陰陽之罰其中於人也必慘矣是必至之勢而無足經怪者悲夫世之人莫之或知知之者其幾於道矣本晉國之鄙人也嘗得故記之所以道者

矣昔先大夫欒武子之在位也夙夜靖共矯枉而惠直不忘其職守而以從其君厥有顯聞布在諸侯之冊書逮其嗣主則不然弗類於厥心放命以自賢怙寵專權蔑棄人士圖以封殖於厥躬國人疾視之如目有眯焉曰移其志以速厥罰欒氏以亡昔先大夫隨武子之在位也明慮以博識晉國之儁老也然且謟焉而不自居惟曰余有所不見惟曰余有所不知惟曰余有所不聞瞋有所志亘而升諸公是以晉國之士無遺其材者用能光融

昭著以有立於朝父子兄弟以世及也而爲晉宗卿逮其嗣主則不然嚚嚚自庸而巧持其非心毀本塞原甚於虺蜮日惟諛佞之小夫是聽是用潔然知者遠之洒然善者伏藏以在下日移其志以速厥罪范氏以亡昔先大夫中行文子之在位也拔識俊良振其滯淹人之有技能如出於厥躬恪謹茀解惟力是視是以能相其君以尋盟諸侯逮其嗣主以苛爲察以欺爲明以刻爲忠以訐多爲善以聚斂爲良崩角摘齒恐人之軋巳也門如闃

市惟利是視憸人乘間而會逢其惡極其回邪如鬼如蜮日移其志以速厥罰中行氏以亡凡此三主者晉國之世臣也所謂崇蘊穹窿而不遷之宗也而又其先大夫皆有玄德以媚於上下神祇其在嗣主荒墜厥訓用以覆宗滅緒餒其先靈而不得以血食於晉國無他故也恃其盛强昌庶而蔑棄於理憑人而勝天藏枝於中而以之違天地之所恪固是以其酷如是也而況於單族後門之士竊人之爵祿而邀覬於一時之幸虛愒而恫疑且

懼人之出於其上也疑似之迹未明同異之志未講而壅之蔽之使之不得以植立也則其得禍也必有深於晉之三主者矣夫築垣墉者務其高而不務其實高不隱仭而基傾之矣以兩手而揜人之聽明自以爲得也而不知其聾瞽之疾已移於已也悲夫夫豈不爲之大哀矣乎晏子曰駭乎哉言也徵吾子嬰無所聞之嬰也請刻諸佩觿以志其不忘也

荀卿修身篇

見善修然必以自存也見不善愀然必以自省也善在身介然必以自好也不善在身也菑然必以自惡也故非我而當者吾師也是我而當者吾友也諂諛我者吾賊也故君子隆師而親友以致惡其賊好善無厭受諫而能誡雖欲無進得乎哉小人反是致亂而惡人之非已也致不肖而欲人之賢已也心如虎狼行如禽獸而又怨人之賊已也諂諛者親諫諍者疏修正爲笑至忠爲賊雖欲無

臧亡得乎哉詩曰潝潝音翕訿訿音紫亦孔之哀謀之其臧則具是違謀之不臧則具是依此之謂也扁善之度以治氣養生則後彭祖以修身自名則配堯禹宜於時通利以處窮禮信是也凡用血氣志意知慮由禮則治通不由禮則勃亂提僈音漫食飲衣服居處動靜由禮則和節不由禮則觸陷生疾容貌態度進退趨行由禮則雅不由禮則夷固辟違庸衆而野故人無禮則不生事無禮則不成國家無禮則不寧詩曰禮儀卒度笑語卒獲此之謂

也以善先人者謂之教以善和人者謂之順以不善先人者謂之諂以不善和人者謂之諛是是非非謂之知非是是非謂之愚傷良曰讒害良曰賊是謂是非謂非曰直竊貨曰盜匿行曰詐易言曰誕趣舍無定謂之無常保利棄義謂之至賊多聞曰博少聞曰淺多見曰閑少見曰陋難進曰偍音體易忘曰漏少而理曰治多而亂曰秏治氣養心之術血氣剛彊則柔之以調和知慮漸深則一之以易良勇膽猛戾則輔之以道順齊給便利則節之

以動止狹隘褊小則廓之以廣大卑隰重持貪利
則抗之以高志庸衆駑散則刦之以師友怠慢僄
音票棄則炤之以禍災愚款端慤則合之以禮樂通
之以思索凡治氣養心之術莫徑由禮莫要得師
莫神一好夫是之謂治氣養心之術也志意修則
驕富貴矣道義重則輕王公矣內省則外物輕矣
傳曰君子役物小人役於物此之謂也身勞而心
安爲之利少而義多爲之事亂君而通不如事窮
君而順焉故良農不爲水旱不耕良賈不爲折閱

不市士君子不爲貧窮怠乎道體恭敬而心忠信術禮義而情愛人横行天下雖困四夷人莫不貴勞苦之事則爭先饒樂之事則能讓端慤誠信拘守而詳横行天下雖困四夷人莫不任體倨固而心執詐術順墨而精雜汙横行天下雖達四方人莫不賤勞苦之事則偷儒轉脫饒樂之事則佞兑而不曲辟違而不慤程役而不録横行天下雖達四方人莫不棄行而供冀非漬淖也行而俯項非擊戾也偶視而先俯非恐懼也然夫士欲獨修其

身不以得罪於比俗之人也夫驥一日而千里駑馬十駕則亦及之矣將以窮無窮逐無極與其折骨絶筋終身不可以相及也將有所止之則千里雖遠亦或遲或速或先或後胡爲乎其不可以相及也不識步道者將以窮無窮逐無極與意亦有所止之與夫堅白同異有厚無厚之察非不察也然而君子不辨止之也倚魁之行非不難也然而君子不行止之也故學曰遲彼止而待我我行而就之則亦或遲或速或先或後胡爲乎其不可以

同至也故蹞音跬步不休跛鼈千里累土不輟丘山崇成厭其源開其瀆江河可竭一進一退一左一右六驥不致彼人之才性之相懸也豈若跛鼈之與六驥足哉然而跛鼈致之六驥不致是無他故焉或爲之或不爲之耳道雖邇不行不至事雖小不爲不成其爲人也多暇日者其出人不遠矣好法而行士也篤志而體君子也齊明而不竭聖人也人無法則倀倀然有法而無志其義則渠渠然依乎法而又深其類然後溫溫然禮者所以正身

也師者所以正體也無禮何以正身無師吾安知禮之爲是也禮然而然則是情安禮也師云而云則是知若師也情安禮知若師則是聖人也故非禮是無法也非師是無師也不是師法而好自用辟之是猶以盲辨色以聾辨聲也舍亂妄無爲也故學也者禮法也夫師以身爲正儀而貴自安者也詩曰不識不知順帝之則此之謂也端愨順弟則可謂善少者矣知好學遜敏焉則有鈞無上可以爲君子者矣偷儒憚事無廉恥而嗜乎飲食則

可謂惡少者矣加惕悍而不順險賊而不弟焉則
可謂不祥少者矣雖陷刑戮可也老老而壯者歸
焉不窮窮而通者積焉行乎冥冥而施乎無報而賢
不肖一焉人有此三行雖有大過天其不遂乎君
子之求利也畧其遠思也早其避辱也懼其行道
理也勇君子貧窮而志廣富貴而體恭安燕而血
氣不惰勞勸而容貌不枯怒不過奪喜不過予君
子貧窮而志廣隆仁也富貴而體恭殺勢也安燕
而血氣不惰柬理也勞勸而容貌不枯好交也怒

不過奪喜不過予法勝私也書曰無有作好遵王之道無有作惡遵王之路此言君子之能以公義勝私欲也

荀卿儒效篇

大儒之效武王崩成王幼周公屏成王而及武王以屬天下惡天下之倍周也履天下之籍聽天下之斷偃然如固有之而天下不稱貪焉殺管叔墟殷國天下不稱戾焉兼制天下立七十一國姬姓獨居五十三人而天下不稱偏焉教誨開導成王使諭於道而能揜迹於文武周公歸周反籍於成王而天下不輟事周然而周公北面而朝之天子也者不可以少當也不可以假攝爲也能則天下

歸之不能則天下去之是以周公屏成王而及武王以屬天下惡天下之離周也成王冠成人周公歸周反籍焉明不滅主之義也周公無天下矣鄉有天下今無天下非擅也成王鄉無天下今有天下非奪也變勢次序節然也故以枝代主而非越也以弟誅兄而非暴也君臣易位而非不順也因天下之和遂文武之業明枝主之義仰易變化天下厭然猶一也非聖人莫之能爲夫是之謂大儒之效秦昭王問孫卿曰儒無益人之國孫卿曰儒

者法先王隆禮義謹乎臣子而致貴其上者也人主用之則勢在本朝而宜不用則退編百姓而慤必爲順下矣雖窮困凍餧必不以邪道爲貪無置錐之地而明於持社稷之大計叫呼而莫之能應然而通乎裁萬物養百姓之經紀勢在人上則王公之材也在人下則社稷之臣國君之寶也雖隱於窮閻漏屋人莫不貴之道誠存也仲尼將爲司寇沈猶氏不敢朝飲其羊公慎氏出其妻慎潰氏踰境而徙魯之粥牛馬者不豫賈必蚤正以待之

者也居於闕黨闕黨之子弟罔不必分有親者取多孝悌以化之也儒者在本朝則美政在下位則美俗儒之爲人下如是矣王曰然則其爲人上何如孫卿曰其爲人上也廣大矣志意定乎內禮節修乎朝法則度量正乎官忠信愛利行于下行一不義殺一無罪而得天下不爲也此君義信乎人矣通於四海則天下應之如讙是何也則貴名白而天下治也故近者歌謳而樂之遠者竭蹶而趨之四海之內若一家通達之屬莫不服從夫是之

謂人師詩曰自西自東自南自北無思不服此之謂也夫其爲人下也如彼其爲人上也如此何謂其無益於人之國乎昭王曰善先王之道仁人隆也比中而行之曷謂中曰禮義是也道者非天之道非地之道人之所道也君子之所謂賢者非能徧能人之所能之謂也君子之所謂知者非能徧知人之所知之謂也君子之所謂辯者非能徧辯人之所辯之謂也君子之所謂察者非能徧察人之所察之謂也有所正矣相高下視肥墝序五種

君子不如農人相美惡辯貴賤君子不如賈人設規矩陳繩墨便備用君子不如工人不恤是非然不然之情以相薦撙以相耻怍君子不若惠施鄧析若夫謫商同德而定次量能而授官使賢不肖皆得其位能不能皆得其官萬物得其宜事變得其應慎墨不得進其談惠施鄧析不敢竄其察言必當理事必當務是然後君子之所長也凡事行有益於理者立之無益於理者廢之夫是之謂中事凡知說有益於理者爲之無益於理者舍之夫是

之謂中說事行失中謂之姦事知說失中謂之姦道姦事姦道者治世之所棄而亂世之所從服也若夫充虛之相施易也堅白同異之分隔也是聰耳之所不能聽也明目之所不能見也辯士之所不能言也雖有聖人之知未能僂指不知無害爲君子知之無損爲小人工匠不知無害爲巧君子不知無害爲理王公好之則亂法百姓好之則亂事不狂惑戇陋之人乃始率其羣徒辯其談說明其辟稱老身長子不知惡也夫是之謂上愚曾不

如相雞狗之可以爲名也詩曰爲鬼爲蜮則不可得有靦面目視人罔極作此好歌以極反側此之謂也我欲賤而貴愚而智貧而富可乎曰其唯學乎彼學者行之曰士也敦慕焉君子也知之聖人也上爲聖人下爲士君子孰禁我哉鄉也混然塗之人也俄而並乎堯禹豈不賤而貴矣哉鄉也效門室之辯混然曾不能決也俄而原仁義分是非圖迴天下於掌上而辯白黑豈不愚而知矣哉鄉也胥靡之人俄而治天下之大器舉在此豈不貧

而富矣哉今有人於此屑然藏千鎰之寶雖行貸而食人謂之富矣彼寶也者衣之不可衣也食之不可食也賣之不可僂售也然而人謂之富何也豈不大富之器誠在此也是杅（音于）杅亦富人已豈不貧而富矣哉故君子無爵而貴無祿而富不言而信不怒而威窮處而榮獨居而樂豈不至尊至富至重至嚴之情舉積此哉故曰貴名不可以比周爭也不可以夸誕有也不可以勢重脅也必將誠此然後就也爭之則失讓之則至遵道則積夸

誕則虛故君子務脩其內而讓之於外務積德於身而處之以遵道如是則貴名起之如日月天下應之如雷霆故曰君子隱而顯微而明辭讓而勝詩曰鶴鳴于九皐聲聞于天此之謂也鄙夫反是比周而與愈少鄙爭而名愈辱煩勞以求安利其身愈危詩曰民之無良相怨一方受爵不讓至于已斯亡此之謂也故能小而事大辟之是猶力之少而任重也舍粹折無適也身不肖而誣賢是猶傴身而好升高也指其頂者愈衆故明主譎德而

序位所以爲不亂也忠臣誠能然後敢受職所以爲不窮也分不亂於上能不窮於下治辯之極也詩曰平平左右亦是率從是言上下之交不相亂也以容俗爲善以貨財爲寶以養生爲已至道是民德也行法之堅不以私欲亂所聞如是則可謂勁士矣行法至堅好脩正其所聞以矯飾其情性其言多當矣而未諭也其行多當矣而未安也其知慮多當矣而未周密上則能大其所隆下則能開道不已若者如是則可謂篤厚君子矣脩百王

之法若辯白黑應當時之變若數一二行禮要節而安之若生四枝要時立功之巧若詔四時平正和民之善億萬之衆而愽若一人如是則可謂聖人矣井井兮其有條理也嚴嚴兮其能敬已也分分兮其有終始也猒猒兮其能長久也樂樂兮其執道不殆也炤炤兮其用知之明也脩脩兮其用統類之行也綏綏兮其有文章也熈熈兮其樂人之臧也隱隱兮其恐人不當也如是則可謂聖人矣此其道出乎一曷謂一曰執神而固曷謂神曰

盡善浹洽之謂神萬物莫足以傾之之謂固神固
之謂聖人聖人也者道之管也天下之道管是矣
百王之道一是矣故詩書禮樂之歸是矣詩言是
其志也書言是其事也禮言是其行也樂言是其
和也春秋言是其微也故風之所以爲不逐者取
是以節之也小雅之所以爲小雅者取是以文之
也大雅之所以爲大雅者取是以光之也頌之所
以爲至者取是以通之也天下之道畢矣鄉是者
臧倍是者亡鄉是如不臧倍是如不亡者自古及

今未嘗聞也造父者天下之善御者也無輿馬則無所見其能羿者天下之善射者也無弓矢則無所見其巧大儒者善調一天下者也無百里之地則無所見其功輿固馬選矣而不能以至遠一日而千里則非造父也弓調矢直矣而不能以射遠中微則非羿也用百里之地而不能以調一天下制彊暴則非大儒也彼大儒者雖隱於窮閻漏屋無置錐之地而王公不能與之爭也在一大夫之位則一君不能獨畜一國不能獨容成名況乎諸

候莫不願得以爲臣用百里之地而千里之國莫能與之爭勝笞棰暴國齊一天下而莫能傾也是大儒之徵也其言有類其行有禮其舉事無悔其持險應變曲當與時遷徙與世偃仰千舉萬變其道一也是大儒之稽也其窮也俗儒笑之其通也英傑化之嵬瑣逃之邪說畏之衆人愧之通則一天下窮則獨立貴名天不能死地不能埋桀跖之世不能汙非大儒莫之能立仲尼子弓是也

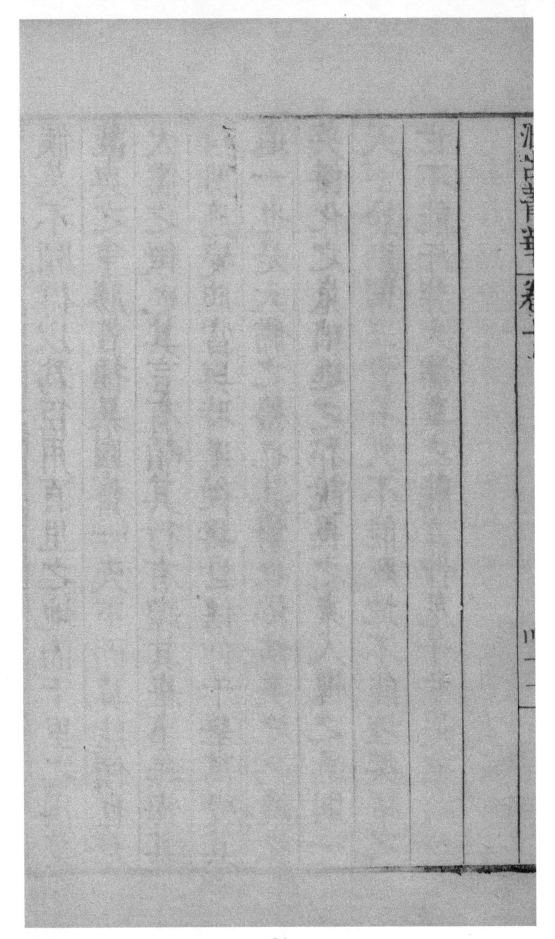

宋玉對楚王問

楚襄王問於宋玉曰先生其有遺行與何士民衆庶不譽之甚也宋玉對曰唯然有之願大王寬其罪使得畢其辭客有歌於郢中者其始曰下里巴人國中屬而和者數千人其爲陽阿薤露國中屬而和者數百人其爲陽春白雪國中屬而和者不過數十人引商刻羽襍以流徵國中屬而和者不過數人而已是其曲彌高其和彌寡故鳥有鳳而魚有鯤鳳凰上擊九千里絕雲霓負蒼天翱翔乎

杳冥之上夫蕃籬之鷃豈能與之料天地之高哉

鯤魚朝發崑崙之墟暴鬐音支於碣石暮宿於孟諸

夫尺澤之鯢豈能與之量江海之大哉故非獨鳥

有鳳而魚有鯤也士亦有之夫聖人瑰意琦行超

然獨處世俗之民又安知臣之所爲哉

商鞅更法

孝公平畫公孫鞅甘龍杜摯三大夫御於君慮世事之本討政法之本使民之道君曰代立不忘社稷君之道也錯法務民主長臣之行也今吾欲變法以治更禮以教百姓恐天下之議我也公孫鞅曰臣聞之疑行無成疑事無功君亟定變法之慮殆無顧天下之議之也且夫有高人之行者必見非於世有獨知之慮者因見毀於民語固曰愚者暗於成事智者見於未萌民不可與慮始可與樂

成功郭偃之法曰論至德者不和與俗成大功者不謀於衆法者所以愛民也禮者所以便事也是以聖人苟可以强國不法其故苟可以利民不循於禮孝公曰善甘龍曰不然臣聞之聖人不易民而教智者不變法而治因民而教者不勞而成功據法而治者吏習而民安今若變法不循秦國之故更禮以教民臣恐天下之議君願孰察之公孫鞅曰子之所言世俗之言也夫常人安于故習學者溺于所聞此兩者所以居官而守法非所與論

於法之外三代不同道而王五霸不同法而霸故智者作法而愚者製焉賢者更禮而不肖者拘焉拘禮之人不足與言事製法之人不足與論變君無疑矣杜摯曰臣聞之利不百不變法功不十不易器臣聞法古無過循禮無邪君其圖之公孫鞅曰前世不同教何古之法帝王不相復何禮之循伏羲神農教而不誅黃帝堯舜誅而不怒及至文武各當時而立法因事而製禮禮法以兩定製令各順其宜兵甲器備各便其用臣故曰治世不一

道便國不法古湯武之王也不循古而興商周之滅也不易禮而亡然則反古者未可必非循禮者未足多是也君無疑矣孝公曰善吾聞窮巷多恠曲學多辨愚者笑之智者哀焉狂夫之樂賢者喪焉拘世以議寡人之不疑矣于是遂出墾草令

趙良說商君

趙良見商君商君曰鞅之得見也從孟蘭皐今鞅請得交可乎趙良曰僕弗敢願也孔丘有言曰推賢而戴者進聚不肖而王者退僕不肖故不敢受命僕聞之曰非其位而居之曰貪位非其名而有之曰貪名僕聽君之義則恐僕貪位貪名也故不敢聞命商君曰子不說吾治秦與趙良曰反聽之謂聰內視之謂明自勝之謂彊虞舜有言曰自卑也尚矣君不若道虞舜之道無為問僕矣商君曰

始秦戎翟之教父子無別同室而居今我更制其教而爲其男女之別大築冀闕營如魯衛矣子觀我治秦也孰與五羖大夫賢趙良曰千羊之皮不如一狐之腋千人之諾諾不如一士之諤諤武王諤諤以昌殷紂墨墨以亡君若不非武王乎則僕請終日正言而無誅可乎商君曰語有之矣貌言華也至言實也苦言藥也甘言疾也夫子果肯終日正言鞅將事子子又何辭焉趙良曰夫五羖大夫荆之鄙人也聞秦繆公之賢而願望見行而無

資自粥於秦客被褐食牛期年繆公知之舉之牛口之下而加之百姓之上秦國莫敢望焉相秦六七年而東伐鄭三置晉國之君一救荆國之禍發教封内而巴人致貢施德諸侯而八戎來服由余聞之款關請見五羖大夫之相秦也勞不坐乘暑不張蓋行於國中不從車乘不操干戈功名藏於府庫德行施於後世五羖大夫死秦國男女流涕童子不歌謠舂者不相杵此五羖大夫之德也今君之見秦王也因嬖人景監以為主非所以為名

也相秦不以百姓爲事而大築冀闕非所以爲功
也刑黥太子之師傅殘傷民以駿刑是積怨畜禍
也教之化民也深於命民之効上也捷於令今君
又左建外易非所以爲教也君又南面而稱寡人
曰繩秦之貴公子詩曰相鼠有體人而無禮人而
無禮何不遄死以詩觀之非所以爲壽也公子虔
杜門不出已八年矣君又殺祝懽而黥公孫賈詩
曰得人者興失人者崩此数事者非所以得人也
君之出也後車十数從車載甲多力而駢脅者爲

驂乘持矛而操闟(音翕)戟者旁車而趨此一物不具君固不出書曰恃德者昌恃力者亡君之危若朝露尚將欲延年益壽乎則何不歸十五都灌園於鄙勸秦王顯巖穴之士養老存孤敬父兄序有功尊有德可以少安君尚將貪商於之富寵秦國之教畜百姓之怨秦王一旦捐賓客而不立朝秦國之所以收君者豈其微哉亡可翹足而待商君弗從

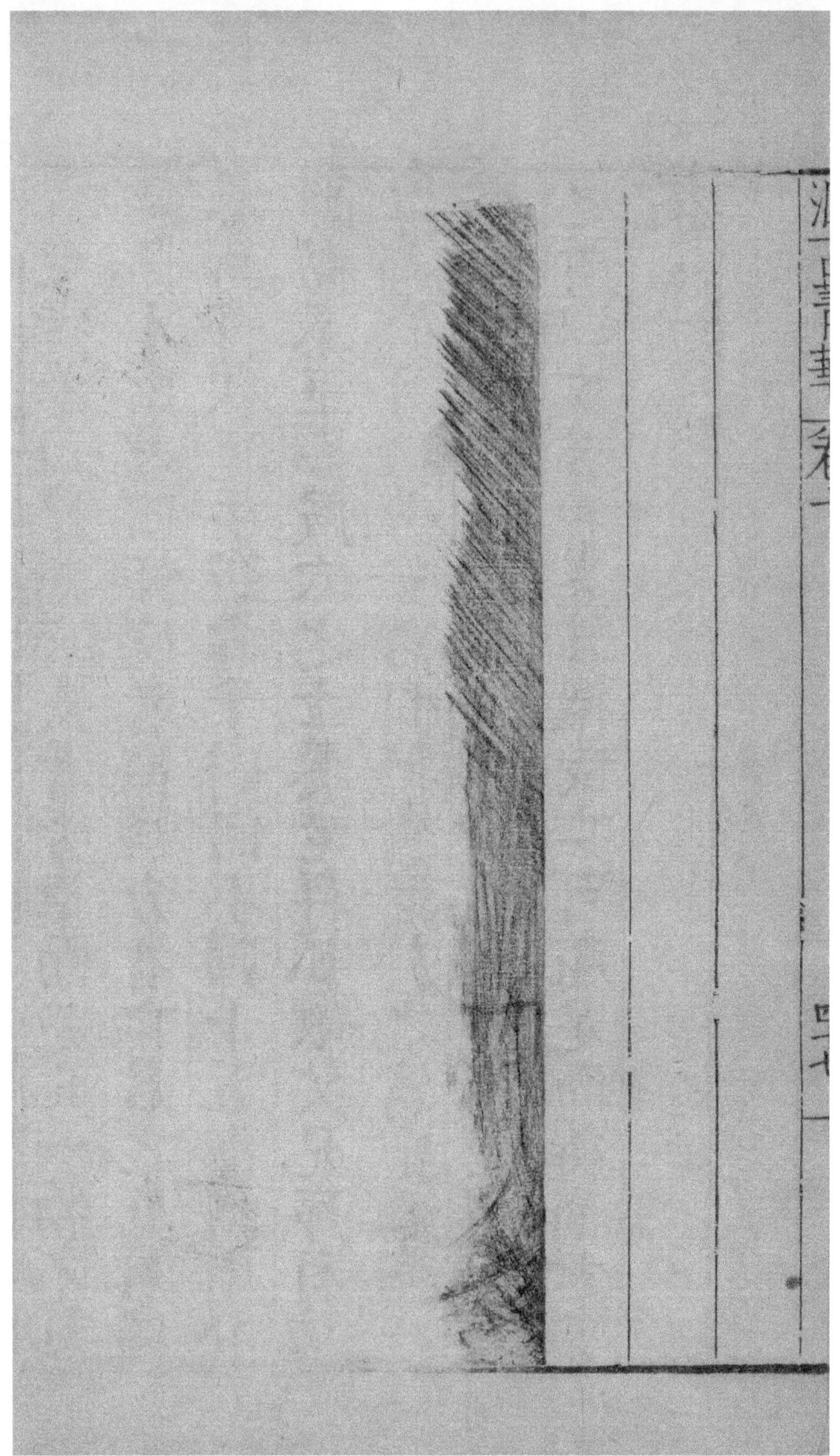

韓非說難

凡說之難非吾知之有以說之難也又非吾辯之難能明吾意之難也又非吾敢橫逸而能盡之難也凡說之難在知所說之心可以吾說當之所說出於爲名高者也而說之以厚利則見下節而遇卑賤必棄遠矣所說出於厚利者也而說之以名高則見無心而遠事情必不收矣所說實爲厚利而顯爲名高者也而說之以名高則陽收其身而實疏之若說之以厚利則陰用其言而顯棄其身

此之不可不知也夫事以密成語以泄敗未必其身泄之也而語及其所匿之事如是者身危貴人有過端而說者明言善議以推其惡者則身危周澤未渥也而語極知說行而有功則德亡說不行而有敗則見疑如是者身危夫貴人得計而欲自以爲功說者與知焉則身危彼顯有所出事廼自以爲他故說者與知焉則身危彊之以其所必不爲止之以其所不能巳者身危故曰與之論大人則以爲閒巳與之論細人則以爲鬻權論其所愛

則以爲借資論其所憎則以爲嘗己徑省其辭則以爲不知而拙之汎濫博文則以爲多而久之順事陳意則曰怯懦而不盡慮事廣肆則曰草野而倨侮此說之難不可不知也凡說之務在知飾所說之所敬而滅其所醜彼自知其計則無以其失窮之自勇其斷則無以其敵怒之自多其力則無以其難槩之規異事與同計譽異人與同行者則以飾之無傷也有與同失者則明飾其無失也大忠無所拂悟言無所擊排迺後申其辯知焉此

所以親近不疑知盡之難也夫曠日彌久而周澤旣渥深計而不疑交爭而不罪迺明計利害以致其功直指是非以飾其身以此相持此說之成也伊尹爲庖百里奚爲虜皆所由干其上也故此二子者皆聖人也猶不能無役身而涉世如此其汙也則非能仕之所恥也宋有富人天雨牆壞其子曰不築且有盜其隣人之父亦云暮而果大亡其財其家甚知其子而疑隣人之父昔者鄭武公欲伐胡迺以其子妻之因問群臣曰吾欲用兵誰可

伐者關其思曰胡可伐廼戮關其思曰胡兄弟之國也子言伐之何也胡君聞之以鄭爲親已而不備鄭鄭人襲胡取之此二説者其知皆當矣然而甚者爲戮薄者見疑非知之難也處知則難矣昔者彌子瑕見愛於衛君衛國之法竊駕君車者罪至刖既而彌子之母病人 夜告之彌子矯駕君車而出君聞之而賢之曰孝哉爲母之故而犯刖罪與君遊果園彌子食桃而甘不盡而奉君君曰愛我哉忘其口而念我及彌子色衰而愛弛得

罪於君君曰是嘗矯駕吾車又嘗食我以餘桃故彌子之行未變於初也前見賢而後獲罪者愛憎之至變也故有愛於主則知當而加親見憎於主則罪當而加踈故陳說之士不可不察愛憎之主而後說之矣夫龍之為蟲也可擾狎而騎也然其喉下有逆鱗徑尺人有攖之則必殺人人主亦有逆鱗說〻之者能無攖人主之逆鱗則幾矣

韓非孤憤

智術之士必遠見而明察不明察不能燭私能法之士必强毅而勁直不勁直不能矯姦人臣循令而從事案法而治官非謂重人也重人也者無令而擅爲虧法以利私耗國以便家力能得其君此所爲重人也智術之士明察聽用且燭重人之陰情能法之士勁直聽用且矯重人之姦行故智術能法之士用則貴重之臣必在繩之外矣是智法之士與當塗之人不可兩存之仇也當塗之人擅

事要則外內爲之用矣是以諸侯不因則事不應故敵國爲之訟百官不因則業不進故群臣爲之用郎中不因則不得近主故左右爲之匿學士不因則養祿薄禮卑故學士之爲談也此四助者邪臣之所以自飾者也重人不能忠主而進其仇人主不能越四助而燭察其臣故人主愈弊而大臣愈重凡當塗者之於人主也希不信愛也又且習故若夫即主心同乎好惡固其所自進也官爵貴重朋黨又衆而一國爲之訟則法術之士欲干上

者非有所信愛之親習故之澤也又將以法術之言矯人主阿辟之心是與人主相反也處世卑賤無黨孤特夫以疏遠與近愛信爭其數不勝也以新旅與習故爭其數不勝也以反主意與同好爭其數不勝也以輕賤與貴重爭其數不勝也以一口與一國爭其數不勝也法術之士操五不勝之勢以歲數而又不得見當塗之人乘五勝之資而旦暮獨說於前故法術之士奚道得進而人主奚時得悟乎故資必不勝而勢不兩存法術之士焉

得不危其可以罪過誣者公法而誅之其不可以被罪過者以私劍而窮之是明法術而逆主上者不僇於吏誅必死於私劍矣朋黨比周以弊主言曲以便私者必信於重人矣故其可以功伐借者以官爵貴之其不可借以美名者以外權重之是以弊主上而趨於私門者不顯於官爵必重於外權矣今人主不合參驗而行誅不待見功而爵祿故法術之士安能蒙死亡而進其說姦邪之臣安肯乘利而退其身故主上愈卑私門益尊

李斯諫秦王逐客書

臣聞吏議逐客竊以爲過矣昔繆公求士西取由余於戎東得百里奚於宛迎蹇叔于宋來丕豹公孫支於晋此五子者不產於秦而繆公用之幷國二十遂霸西戎孝公用商鞅之法移風易俗民以殷盛國以富彊百姓樂用諸侯親服獲楚魏之師舉地千里至今治彊惠王用張儀之計拔三川之地西幷巴蜀北收上郡南取漢中包九夷制鄢郢東據成皋之險割膏腴之壤遂散六國之從使之

西面事秦功施到今昭王得范雎廢穰侯逐華陽彊公室杜私門蠶食諸侯使秦成帝業此四君者皆以客之功由此觀之客何負於秦哉向使四君郤客而不內音納踈士而不用是使國無富利之實而秦無彊大之名也今陛下致崑山之玉有隋和之寶垂明月之珠服太阿之劍乘纖離之馬建翠鳳之旗樹靈鼉之鼓此數寶者秦不生一馬而陛下說之何也必秦國之所生然後可則是夜光之璧不飾朝廷犀象之器不爲玩好鄭衛之女不充

後宮而駿良駃(音決)騠(音啼)不實外廄江南金錫不爲用西蜀丹青不爲采所以飾後宮充下陳娛心意說耳目者必出於秦然後可則是宛珠之簪傅璣之珥(音耳)阿縞之衣錦繡之飾不進於前而隨俗雅化佳冶窈窕趙女不立於側也夫擊甕叩缻(音缶)彈箏搏髀而歌呼嗚嗚快耳目者眞秦之聲也鄭衛桑間韶虞武象者異國之樂也今棄擊甕叩缻而就鄭衛退彈箏而取韶虞若是者何也快意當前適觀而已矣今取人則不然不問可否不論曲直

非秦者去爲客者逐然則是所重者在乎色樂珠玉而所輕者在乎人民也此非所以跨海內制諸侯之術也臣聞地廣者粟多國大者人衆兵彊則士勇是以太山不讓土壤故能成其大河海不擇細流故能就其深王者不却衆庶故能明其德是以地無四方民無異國四時充美鬼神降福此五帝三王之所以無敵也今乃棄黔首以資敵國却賓客以業諸侯使天下之士退而不敢西向裹足不入秦此所謂藉寇兵而齎盜糧者也夫物不產

於秦可寶者多士不産於秦而願忠者衆今逐客以資敵國損民以益讎内自虚而外樹怨於諸侯求國無危不可得也

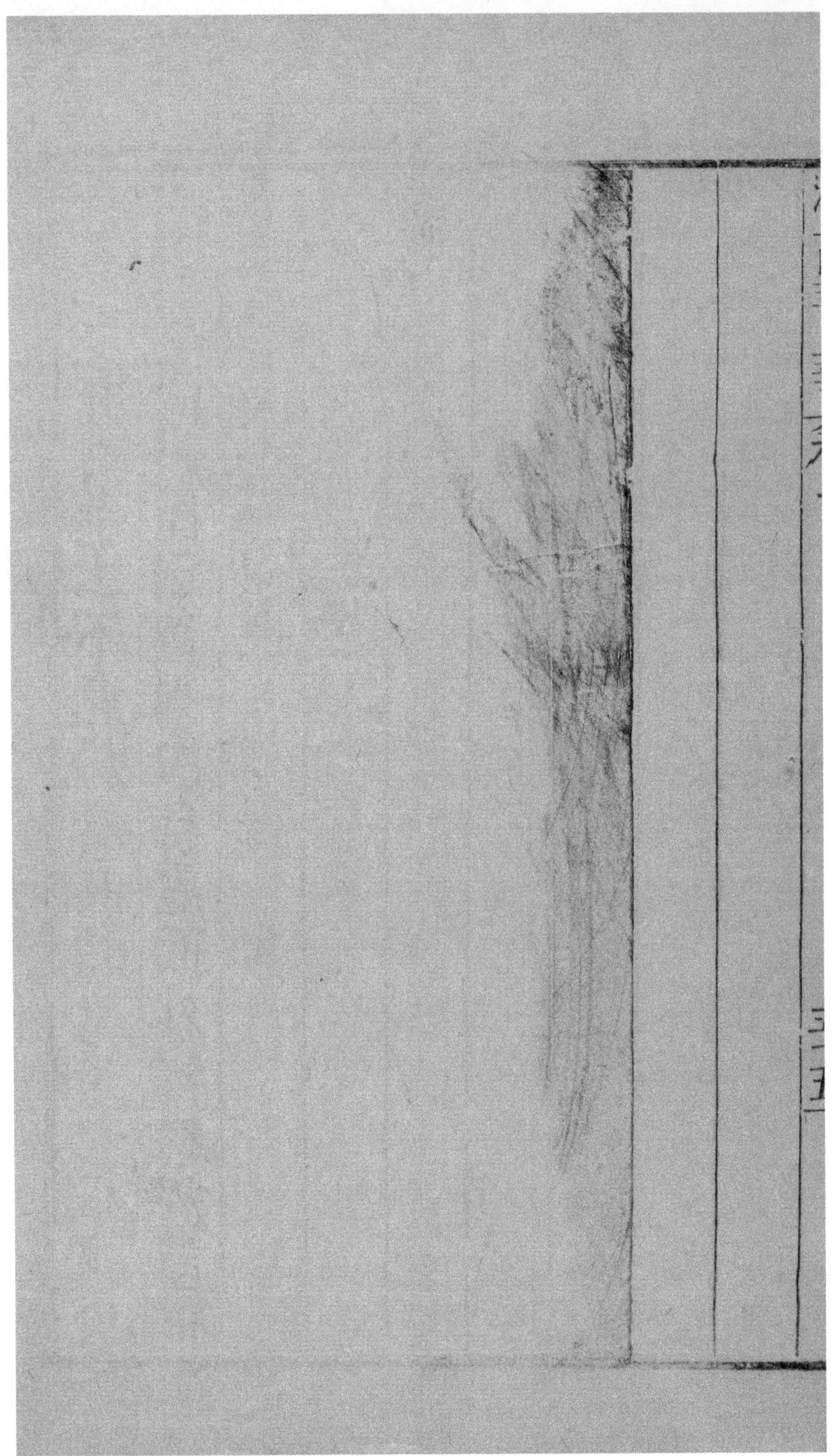

呂不韋重己篇

倕（音垂）至巧也人不愛倕之指而愛己之指有之利故也人不愛崑山之玉江海之珠而愛己之一蒼璧小璣有之利故也今吾生之爲我有而利我亦大矣論其貴賤爵爲天子不足以比焉論其輕重富有天下不可以易之論其安危一曙失之終身不復得此三者有道者之所慎也有慎之而反害之者不達乎性命之情也不達乎性命之情慎之何益是師者之愛子也不免乎枕之以糠是聾者

之養嬰兒也方雷而窺之于堂有殊弗知慎者夫弗知慎者是死生存亡可不可未始有別也未始有別者其所謂是未嘗是其所謂非未嘗非是其所謂非非其所謂是此之謂大惑若此人者天之所禍也以此治身必死必殃以此治國必殘必亡夫死殃殘亡非自至也惑召之也壽長至常亦然故有道者不察所召而察其召之者則其至不可禁矣此論不可不熟使烏獲疾引牛尾尾絕力勯音苫而牛不可行逆也使五尺豎子引其棬而牛恣

所以之順也世之人主貴人無賢不肖莫不欲長生久視而日逆其生欲之何益凡生長也順之也使生不順者欲也故聖人必先適欲室大則多陰臺高則多陽多陰則蹷（音厥）多陽則痿此陰陽不適之患也是故先王不處大室不爲高臺味不衆珍衣不燀（音亶）熱燀熱則理塞理塞則氣不達味衆珍則胃充胃充則中大鞔（音懣）中大鞔而氣不達以此長生可得乎昔先聖王之爲苑囿園池也足以觀望勞形而已矣其爲宮室臺榭也足以辟燥濕而

已矣其爲輿馬衣裘也足以逸身煖骸而已矣其爲飲食酏音移醴也足以適味充虛而已矣其爲聲色音樂也足以安性自娛而已矣五者聖王之所以養性也非好儉而惡費也節乎性也

呂不韋勿躬篇

大橈作甲子黔如作虜首容成作曆羲和作占日尚儀作占月后益作占歲胡曹作衣夷羿作弓祝融作市儀狄作酒高元作室虞姁作舟伯益作井赤冀作臼乘雅作駕寒哀作御王氷作服牛史皇作圖巫彭作醫巫咸作筮此二十官者聖人之所以治天下也聖王不能二十官之事然而使二十官盡其巧畢其能聖王在上故也聖王之所不能也所以能之也不知也所以知之也養其神修其

德而化矣豈必勞形愁𢤱耳目哉是故聖王之德融乎若月之始出極燭六合而無所窮屈昭乎若日之光變化萬物而無所不行神合乎太一生無所屈而意不可障精通乎鬼神深微玄妙而莫見其形今日南面百邪自正而天下皆反其情黔首畢樂其志安育其性而莫爲不成故善爲君者矜脤性命之情而百官已治矣黔首已親矣名號已章矣管子復於桓公曰墾田大邑辟土藝粟盡地力之利臣不若甯遬(音速)請置以爲大田登降辭讓

進退閑習臣不若隰朋請置以爲大行蚤入晏出犯君顔色進諫必忠不辟死亡不重貴富臣不如東郭牙請置以爲大諫臣平原廣城車不結軌士不旋踵鼓之三軍之士視死如歸臣不若王子城父請置以爲大司馬决獄折中不殺不辜不誣無罪臣不若弦章請置以爲大理君若欲治國强兵則五子者足矣君欲霸王則夷吾在此桓公曰善令五子皆任其事以受令於管子十年九合諸侯一匡天下皆夷吾與五子之能也管子人臣也不

任已之不能而以盡五子之能况於人主乎人主知能不能之可以君民也則幽詭愚險之言無不職矣百官有司之事畢力竭智矣五帝三皇之君民也下固不過畢力竭智也夫君人而知無恃其能勇力誠信則近之矣凡君也者處平靜任德化以聽其要若此則形性彌羸而耳目愈精百官慎職而莫敢愉綖人事其事以充其名名實相保之謂知道

庚桑楚君道篇

始生之者天地養成之者人也能養天之所生而物攖之謂之天子天子之動也以全天氣故此官之所以自立也立官者以全生也今代之惑主多官而反以㝬（音害）生則失所以爲立之本矣草鬱則爲腐樹鬱則爲蠹人鬱則爲病國鬱則百慝並起危亂不禁所謂國鬱者主悳不下宣人欲不上達也是故聖王貴忠臣正士爲其敢直言而決鬱塞邇剋巳復禮賢良自至君耕后𧊒（古蠶字）蒼生自化

由是言之則賢良正可待不可求求得非賢也蒼生正可化不可刑刑行非理也堯舜有爲人主之勤无爲人主之欲故天下各得濟其欲有爲人主之位无爲人主之心故天下各得肆其心士有天下人愛之而主不愛者有主獨愛之而天下人不愛者用天下人愛者則天下安用主獨愛者則天下危人主安可以自放其愛憎哉由是重天下者當制其情所謂天下者謂其有爭古萬物也所謂有邦國者謂其有人衆也夫國以人爲本人安則國

安故惪音憂國之主務求理人之術玉之所以難辨者謂其有怪石也金之所以難辨者謂其有鍮石也今夫以隼翼而被之鷃視不明者正以爲隼明者視之乃鷃也今夫小人多誦經籍方書或學奇技通說而被以青紫章服使愚者聑音聽而眎之正爲君子明者聑而眎之乃小人也故人主誠明以言取人理也以才取人理也以行取人理也人主不明以言取人亂也以才取人亂也以行取人亂也夫聖人之用人也瞽音貴耳不聞之功目不見之

功口不可道之功而百姓暢然自理矣若人主賢耳聞之功則天下之人運貨逐利而市譽矣賢目見之功則天下之人恢形異蓺(音藝)而爭進矣賢可道之功則天下之人習舌調吻而飾辭矣使天下之人市譽爭進飾辭見達則政敗矣人主皆知鏡之明已也而惡士之明已也鏡之明已也功細士之明已也功大知其細失其大不知類矣於虖人主清心省叓(音事)人臣恭儉守職太平立致矣而代主或難之吾所不知也若人主方寸之地不明不

斷則天地之宜四海之内動植羣類咸失其道矣以耳目取人者官多而政亂以心慮取人者官少而政清是知循理之代務求不可見不可聞之材澆危之代務取可聞可見之材於虗人主豈知哉以耳目取人人皆藪慾徼奪以買譽以心慮取人人皆靜正以勤德吏靜正以勤悳則不言而自化吏藪慾以買譽則刑之而不寱音畏代主豈不知哉

滙古菁華卷十終

滙古菁華
九

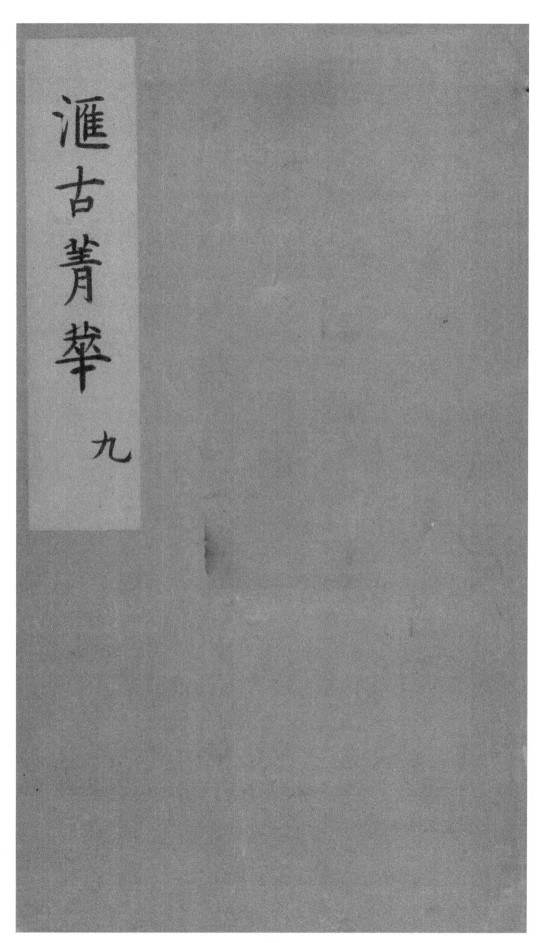

滙古菁華卷十一

前漢文上

高帝求賢詔

蓋聞王者莫高於周文伯者莫高於齊桓皆待賢人而成名今天下賢者智能豈特古之人乎患在人主不交故也士奚由進今吾以天之靈賢士大夫定有天下以爲一家欲其長久世世奉宗廟亡絕也賢人已與我共平之矣而不與吾共安利之可乎賢士大夫有肯從我游者吾能尊顯之布告

天下使明知朕意御史大夫昌下相國相國酇侯下諸侯王御史中執法下郡守其有意稱明德者必身勸爲之駕遣詣相國府署行義年有而弗言覺免年老癃病勿遣

文帝議佐百姓詔

間者數年比不登，又有水旱疾疫之災，朕甚憂之。愚而不明，未達其咎。意者朕之政有所失而行有過與？乃天道有不順，地利或不得，人事多失和，鬼神廢不享與？何以致此？將百官之奉養或廢，無用之事或多與？何其民食之寡乏也！夫度田非益寡，而計民未加益，以口量地，其於古猶有餘，而食之甚不足者，其咎安在？無乃百姓之從事於末以害農者蕃，爲酒醪以靡穀者多，六畜之食焉者衆與

細大之義吾未能得其中其與丞相列侯吏二千石博士議之有可以佐百姓者率意遠思無有所隱

文帝除肉刑詔

蓋聞有虞氏之時畫衣冠異章服以爲戮而民弗犯何治之至也今法有肉刑三而姦不止其咎安在非乃朕德之薄而教不明與吾甚自愧故夫馴道不純而愚民陷焉詩曰愷悌君子民之父母今人有過教未施而刑已加焉或欲改行而爲善而道亡繇至朕甚憐之夫刑至斷支體刻肌膚終身不息何其刑之痛而不德也豈稱爲民父母之意哉其除肉刑有以易之及令罪人各以輕重不亡

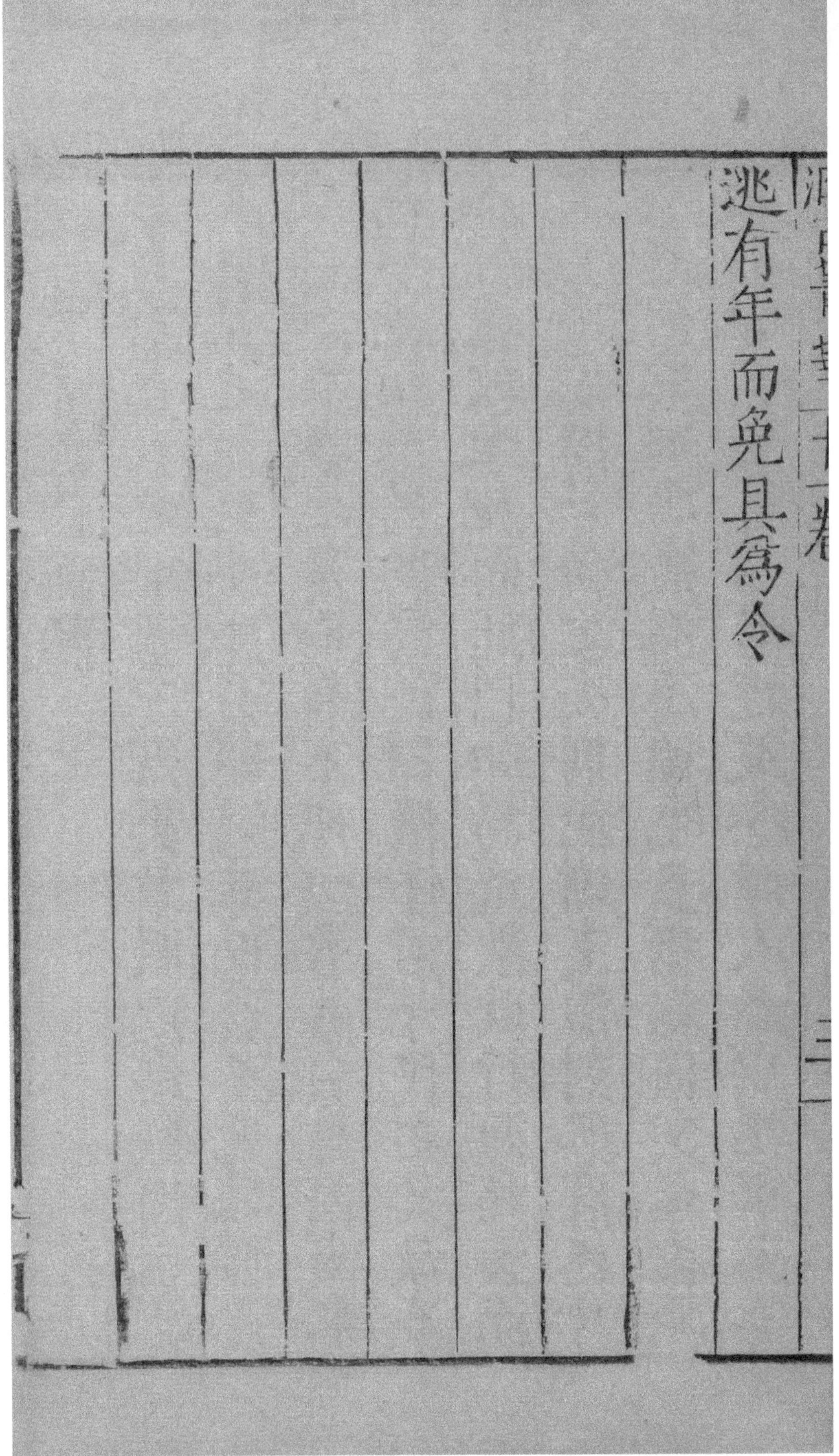

逃有年而免具爲令

文帝賜尉佗書

皇帝謹問南粵王甚苦心勞思朕高皇帝側室之子棄外奉北藩于代道里遼遠壅蔽樸愚未嘗致書高皇帝棄群臣孝惠皇帝即世高后自臨事不幸有疾日進不衰以故誖暴乎治諸吕爲變故亂法不能獨制迺取他姓子爲孝惠皇帝嗣賴宗廟之靈功臣之力誅之已畢朕以王侯吏不釋之故不得不立今即位乃者聞王遺將軍隆慮侯書求親昆弟請罷長沙兩將軍朕以王書罷將軍博陽

侯親昆弟在真定者已遣人存問修治先人冢前
日聞王發兵於邊爲寇災不止當其時長沙苦之
南郡尤甚雖王之國庸獨利乎必多殺士卒傷良
將吏寡人之妻孤人之子獨人父母得一亡十朕
不忍爲也朕欲定地犬牙相入者以問吏吏曰高
皇帝所以介長沙土也朕不得擅變焉吏曰得王
之地不足以爲大得王之財不足以爲富服領以
南王自治之雖然王之號爲帝兩帝並立亡一乘
之使以通其道是爭也爭而不讓仁者不爲也願

與王分棄前患終今以來通使如故故使賈馳諭告王朕意王亦受之毋爲寇災矣上褚五十衣中褚三十衣下褚二十衣遺王願王聽樂娱憂存問鄰國

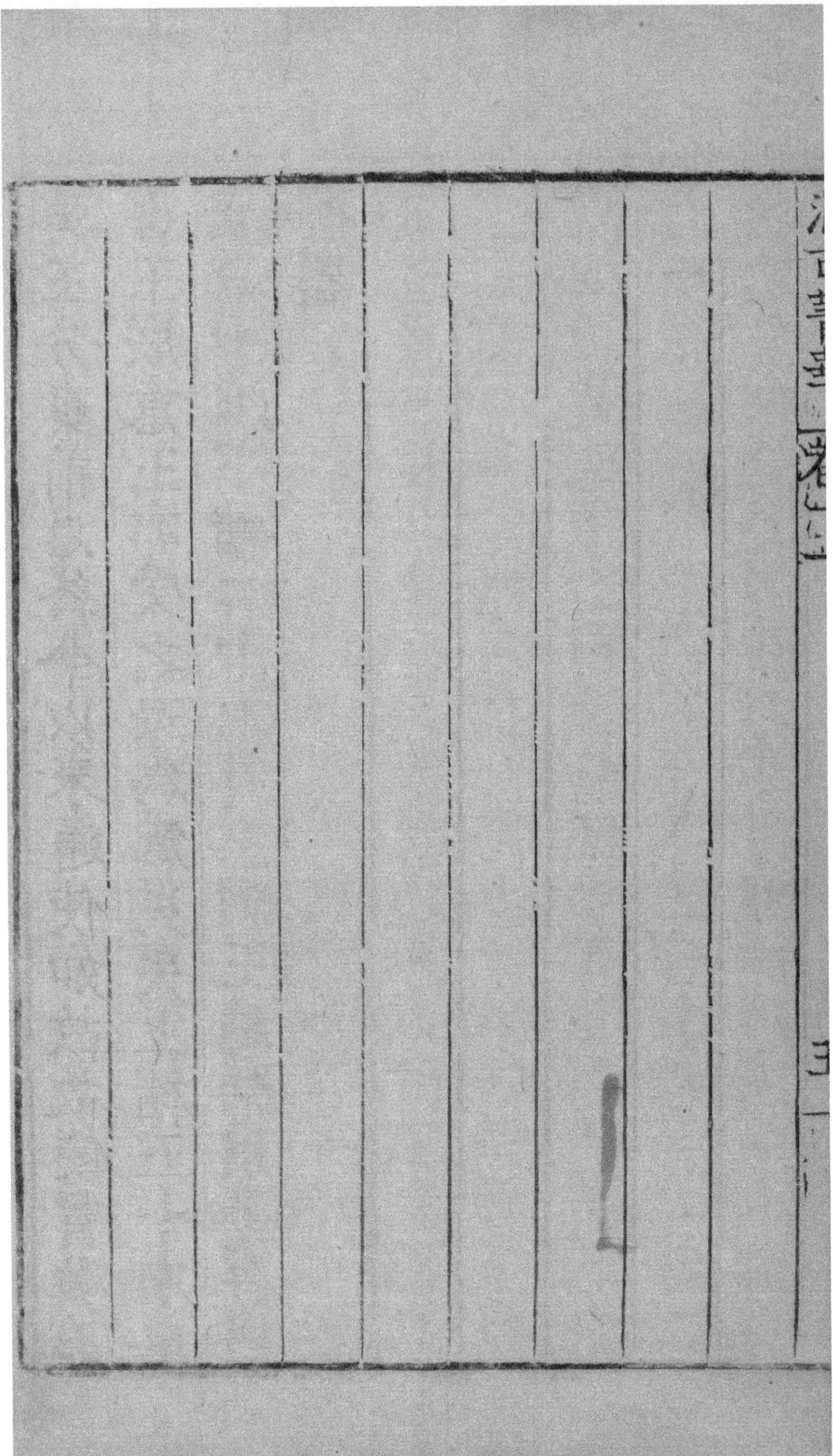

景帝令二千石修職詔

雕文刻鏤傷農事者也錦繡纂（音襈）組害女紅者也農事傷則饑之本也女紅害則寒之原也夫饑寒並至而能亡爲非者寡矣朕親耕后親桑以奉宗廟粢盛祭服爲天下先不受獻減大官省繇賦欲天下務農蠶素有畜積以備灾害彊毋攘弱衆毋暴寡老耆以壽終幼孤得遂長今歲或不登民食頗寡其咎安在或詐僞爲吏吏以貨賂爲市漁奪百姓侵牟萬民縣丞長吏也姦法與盜盜甚無謂

也其令二千石各修其職不事官職耗亂者丞相以聞請其罪布告天下使明知朕意

武帝下州郡求賢詔

蓋有非常之功必待非常之人故馬或奔踶（音第）而致千里士或有負俗之累而立功名夫泛駕之馬跅（音托）弛之士亦在御之而已其令州縣察吏民有茂才異等可爲將相及使絕國者

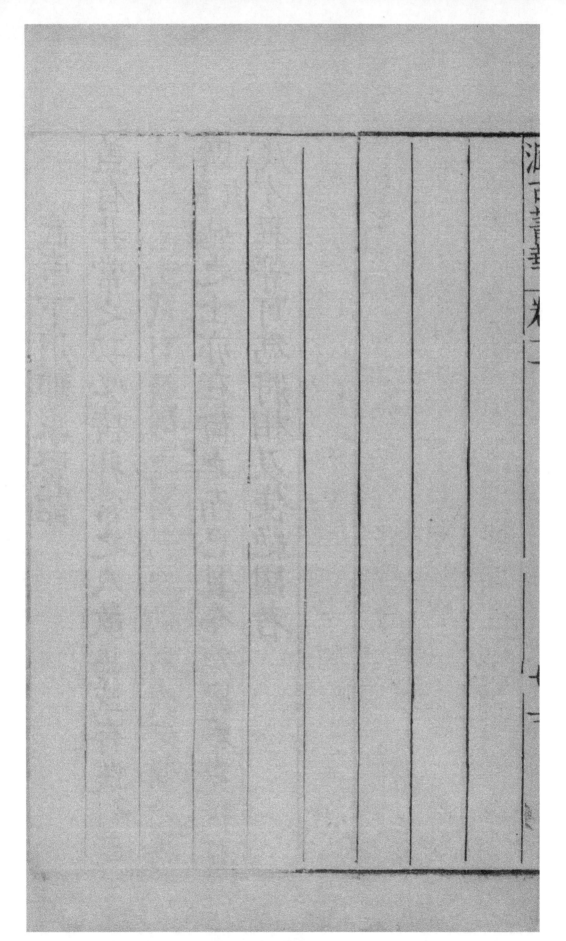

武帝賢良詔

朕聞昔在唐虞畫象而民不犯日月所燭罔不率俾周之成康刑措不用德及鳥獸教通四海海外肅慎北發渠搜氐羌來服星辰不孛日月不蝕山陵不崩川谷不塞麟鳳在郊藪河洛出圖書嗚乎何施而臻此與今朕獲奉宗廟夙興以求夜寐以思若涉淵水未知所濟猗歟偉歟何行而可以彰先帝之洪業休德上參堯舜下配三王朕之不敏不能遠德此子大夫之所覩聞也賢良明於古今

王事之體受策察問咸以書對著之於篇朕親覽

焉

陸賈說淮南王布書

漢王使使臣敬進書大王御者竊怪大王與楚何親也淮南王曰寡人北向而臣事之隋何曰大王與項王俱列爲諸侯北鄉而臣事之必以楚爲彊可以託國也項王伐齊身負版築以爲士卒先大王宜悉淮南之衆身自將爲楚軍先鋒今乃發四千人以助楚夫北面而臣事人者固若是乎夫漢王戰於彭城項王未出齊也大王宜埽淮南之衆日夜會戰彭城下今撫萬人之衆無一人渡淮者

陰拱而觀其孰勝夫託國於人者固若是乎大王提空名以鄉楚而欲厚自託臣竊爲大王不取也然大王不背楚者以漢爲弱也夫楚兵雖強天下負之以不義之名以其背盟約而殺義帝也然而楚王特以戰勝自彊漢王收諸侯還守成皋滎陽下蜀漢之粟深溝壁壘分卒守徼乘塞楚人還兵間以梁地深入敵國八九百里欲戰則不得攻城則力不能老弱轉粮千里之外楚兵至滎陽成皋漢堅守而不動進則不得攻退則不能解故楚兵

不足罷也使楚兵勝漢則諸侯自危懼而相救夫楚之強適足以致天下之兵耳故楚不如漢其勢易見也今大王不與萬全之漢而自託於危亡之楚臣竊爲大王惑之臣非以淮南之兵足以亡楚也夫大王發兵而背楚項王必留齊數月漢之取天下可以萬全臣請與大王伏劍而歸漢王漢王必裂地而分大王又況淮南必大王有也故漢王敬使使臣進愚計願大王之留意也淮南王曰謹奉命

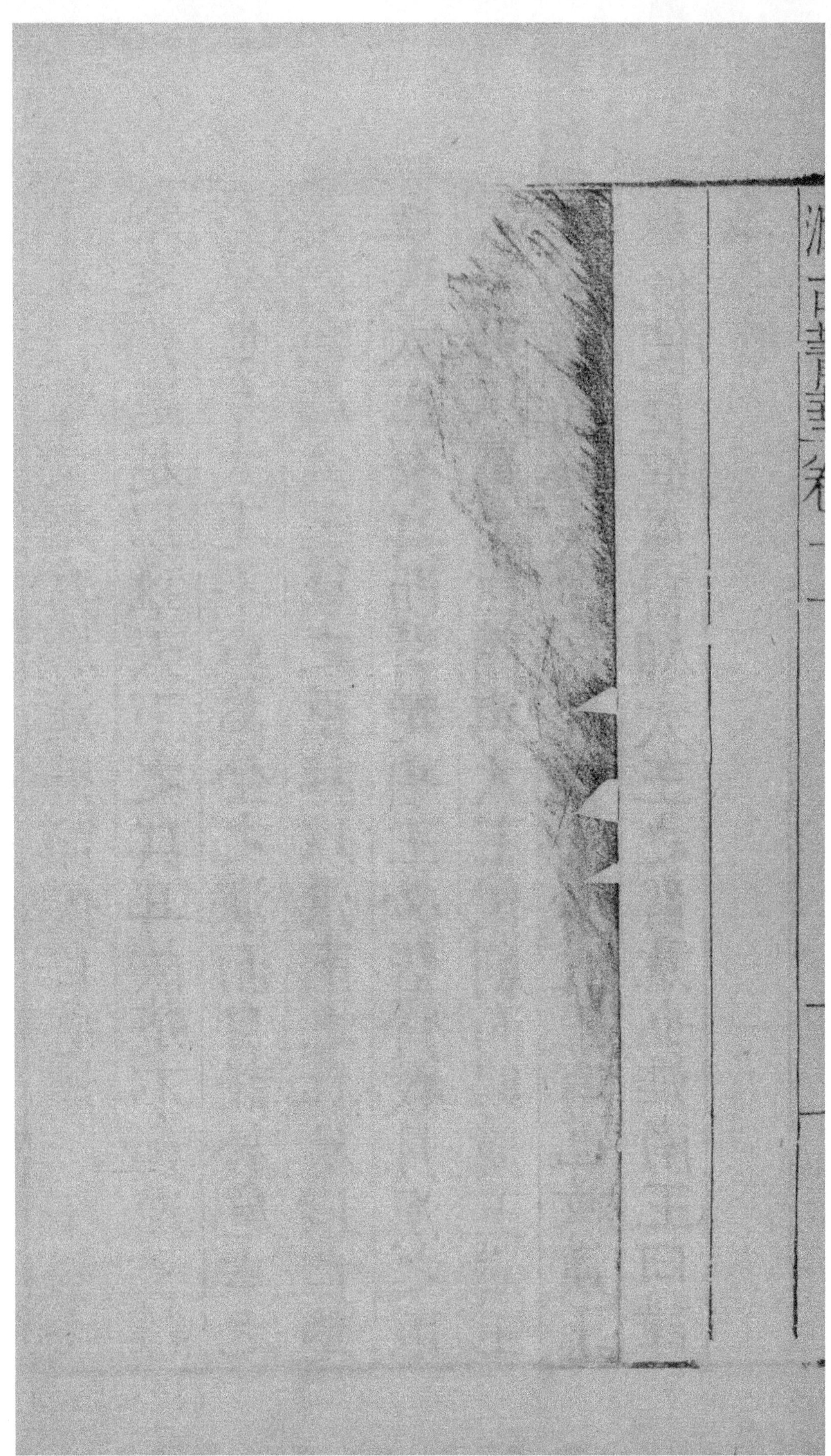

賈山至言

臣聞爲人臣者盡忠竭愚以直諫主不避死亡之誅者臣山是也臣不敢以久遠諭顧借秦以爲諭唯陛下少加意焉夫布衣韋帶之士脩身於內成名於外而使後世不絕息至秦則不然貴爲天子富有天下賦斂重數百姓任罷赭衣半道群盜滿山使天下之人戴目而視傾耳而聽一夫大謼天下響應者陳勝是也秦非徒如此也起咸陽而西至雍離宮三百鍾鼓帷帳不移而具又爲阿房之

殿殿高數十仞東西五里南北千步從車羅騎四馬騖馳旌旗不撓爲宮室之麗至於此使其後世曾不得聚廬而託處焉爲馳道於天下東窮燕齊南極吳楚江湖之上瀕海之觀畢至道廣五十步三丈而樹厚築其外隱以金椎樹以青松爲馳道之麗至於此使其後世曾不得邪徑而託足焉死葬乎驪山吏徒數十萬人曠日十年下徹三泉合采金石冶銅錮其內桼塗其外被以珠玉飾以翡翠中成觀游上成山林爲葬薶音埋之侈至於此使

其後世曾不得蓬顆蔽冢而託葬焉秦以熊羆之力虎狼之心蠶食諸侯幷吞海內而不篤禮義故天殃已加矣臣昧死以聞願陛下少留意而詳擇其中（音衆）臣聞忠臣之事君也言切直則不用而身危不切直則不可以明道故切直之言明主所欲急聞忠臣之所以蒙死而竭智也地之磽者雖有善種不能生焉江皋河瀕雖有惡種無不猥大昔者夏商之季世雖關龍逢箕子比干之賢身死亡而道不用文王之時豪傑之士皆得竭其智芻蕘

採薪之人皆得盡其力此周之所以興也故地之美者善養禾君之仁者善養士雷霆之所擊無不摧折者萬鈞之所壓無不糜滅者今人主之威非特雷霆也勢重非特萬鈞也開道而求諫和顏色而受之用其言而顯其身士猶恐懼而不敢自盡又迺況於縱欲恣行暴虐惡聞其過乎震之以威壓之以重則雖有堯舜之智孟賁之勇豈有不摧折者哉如此則人主不得聞其過失矣弗聞則社稷危矣古者聖王之制史在前書過失工誦箴諫

瞽誦詩諫公卿比諫士傳言諫過庶人謗于道商旅議于市然後君得聞其過失也聞其過失而改之見義而從之所以永有天下也天子之尊四海之内其義莫不爲臣然而養三老於太學親執醬而餽執爵而酳音胤祝饐音咽在前祝鯁在後公卿奉杖大夫進履舉賢以自輔弼求脩正之士使直諫故以天子之尊尊養三老視孝也立輔弼之臣者恐驕也置直諫之士者恐不得聞其過也學問至於芻蕘者求善無饜也商人庶人誹謗已而改之

從善無不聽也昔者秦政力幷萬國富有天下破六國以爲郡縣築長城以爲關塞秦地之固大小之勢輕重之權其與一家之富一夫之彊胡可勝計也然而兵破于陳涉地奪于劉氏者何也秦王貪狼暴虐殘賊天下窮困萬民以適其欲也昔者周盖千八百國以九州之民養千八百國之君用民之力不過歲三日什一而籍君有餘財民有餘力而頌聲作秦皇帝以千八百國之民自養力罷不能勝其役財盡不能勝其求一君之身其所以

自養者馳騁弋獵之娛天下弗能供也勞罷者不得休息饑寒者不得衣食亡罪而死刑者無所告訴人與之爲怨家與之爲讐故天下壞也秦皇帝身在之時天下已壞矣而弗自知也秦皇帝東巡狩至會稽琅琊刻石著其功自以爲過堯舜統縣石鑄鐘虡篩土築阿房之宮自以爲萬世有天下也古者聖人作謚三四十世耳雖堯舜禹湯文武絫世廣德以爲子孫基業無過二三十世者也秦皇帝曰死而以謚法是以父子名號有時相襲也

以一至萬則世世不相復也故死而號曰始皇帝其次曰二世皇帝者欲以一至萬也秦始皇計其功德度其後嗣世世無窮然身死纔數月耳天下四面而攻之宗廟滅絕矣秦皇帝居滅絕之中而不自知者何也天下莫敢告也其所以莫敢告者何也亡養老之義亡輔弼之臣亡進諫之士縱恣行誅退誹謗之人殺直諫之士是以道諛媮合苟容比其德則賢于堯舜課其功則賢于湯武天下已潰而莫之告也詩云匪言不能胡此畏忌聽言

則對譖言則退此之謂也又曰濟濟多士文王以寧天下未嘗亡士也然而文王獨言以寧者何也文王好仁則仁興得士而敬之則士用用之有禮義故不致其愛敬則不能盡其心不能盡其心則不能盡其力不能盡其力則不能成其功故古之賢君于其臣也尊其爵祿而親之疾則臨視之無数死則往弔哭之臨其小歛大歛已棺塗而後爲之服錫衰麻絰而三臨其喪未歛不飲酒食肉未葬不舉樂當宗廟之祭而死爲之廢樂故古之君

人者于其臣也可謂盡禮矣服法服端容貌正顏色然後見之故臣下莫敢不竭力盡死以報其上功德立于後世而令聞不忘也今陛下念思祖考術追厥功圖所以昭光洪業休德使天下舉賢良方正之士天下皆訢訢焉曰將興堯舜之道三王之功矣天下之士莫不精白以承休德今方正之士皆在朝廷矣又選其賢者使爲常侍諸吏與之馳驅射獵一日再三出臣恐朝廷之解弛百官之墮于事也諸侯聞之又必怠于政矣陛下即位親

自勉以厚天下損食膳不聽樂減外徭衛卒止歲貢省廄馬以賦縣傳去諸苑以賦農夫出帛十萬餘匹以賑貧民禮高年九十者一子不事八十者二算不事賜天下男子爵大臣皆至公卿發御府金賜大臣宗族亡不被澤者赦罪人憐其亡髮賜之巾憐其衣赭書其背父子兄弟相見也而賜之衣平獄緩刑天下莫不說喜是以元年膏雨降五穀登此天之所以相陛下也刑輕于宅時而犯法者寡衣食多于前年而盜賊少此天下之所以順

陛下也臣聞山東吏布詔令民雖老羸癃疾扶杖而往聽之願少須臾毋死思見德化之成也今功業方就名聞方昭四方鄉風今從豪俊之臣方正之士直與之日日獵射擊兎伐狐以傷大業絕天下之望臣竊悼之詩曰靡不有初鮮克有終臣不勝大願願少衰射獵以夏歲三月定明堂造太學脩先王之道風行俗成萬世之基定然後唯陛下所幸耳古者大臣不媟故君子不常見其齊嚴之色肅敬之容大臣不得與宴游方正修潔之士不

得從射獵使皆務其方以高其節則群臣莫敢不正身脩行盡心以稱大禮如此則陛下之道尊敬功業施于四海垂于萬世子孫矣誠不如此則行日壞而榮日滅矣夫士脩之于家而壞之于天子之廷臣竊愍之陛下與衆臣宴游與大臣方正朝廷論議夫游不失樂朝不失禮議不失計軌事之大者也其後文帝除鑄錢令山復上書諫以爲變先帝法非是又訟淮南王無大罪宜急令反國又言柴唐子爲不善足以戒章下詰責對以爲錢者

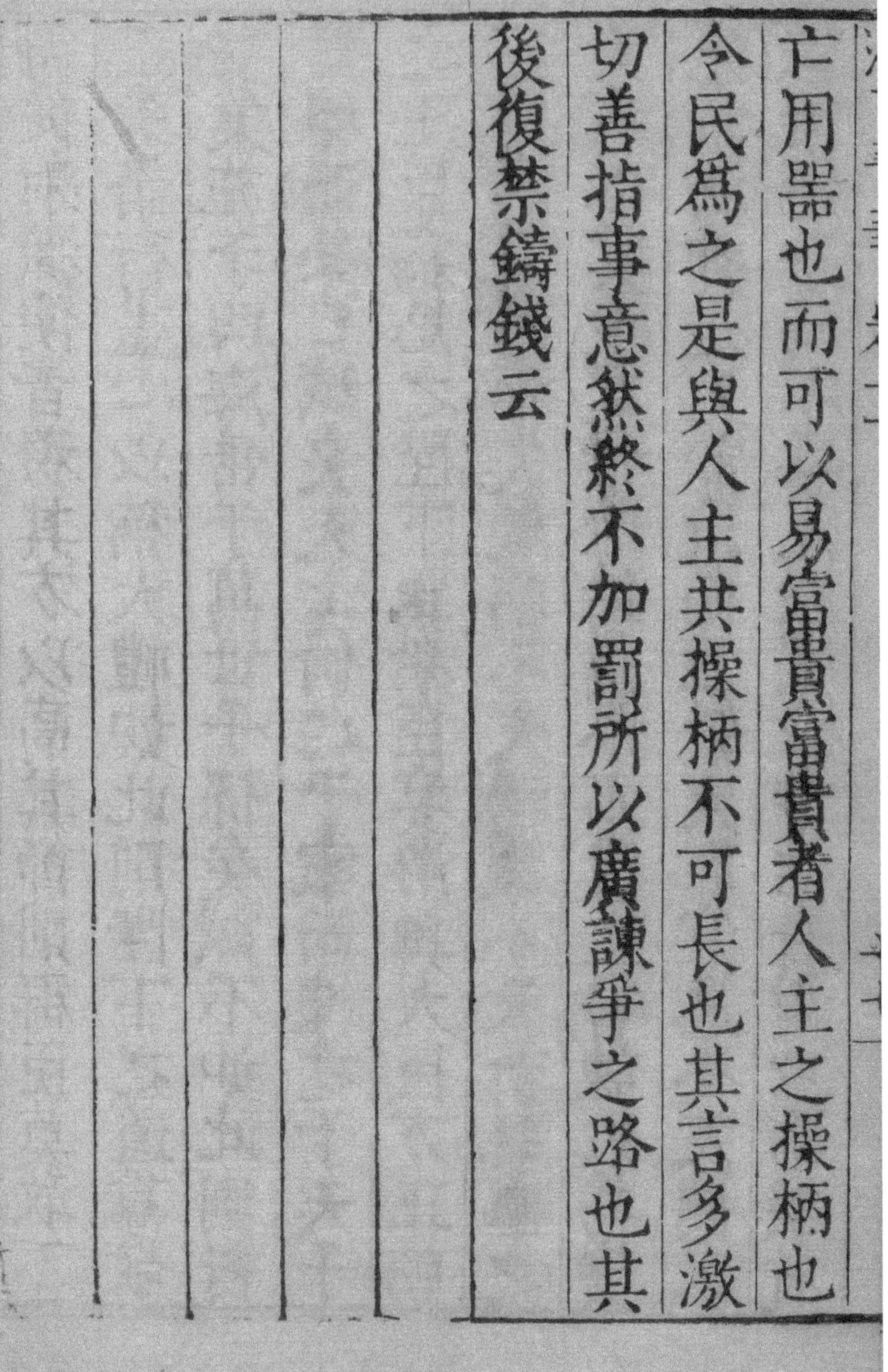
亡用器也而可以易富貴富貴者人主之操柄也令民爲之是與人主共操柄不可長也其言多激切善揞事意然終不加罰所以廣諫爭之路也其後復禁鑄錢云

賈誼過秦論

秦孝公據崤函之固擁雍州之地君臣固守以窺周室有席卷天下包舉宇内囊括四海之意并吞八荒之心當是時也商君佐之内立法度務耕織修守戰之具外連衡而鬬諸侯于是秦人拱手而取河西之外孝公既没惠文武昭襄蒙故業因遺策南取漢中西舉巴蜀東割膏腴之地北收要害之郡諸侯恐懼會盟而謀弱秦不愛珎器重寶肥饒之地以致天下之士合從締交相與爲一當此

之時齊有孟嘗趙有平原楚有春申魏有信陵此四君者皆明智而忠信寬厚而愛人尊賢而重士約從離衡兼韓魏燕趙宋衛中山之衆于是六國之士有甯越徐尚蘇秦杜赫之屬爲之謀齊明周最陳軫召滑樓緩翟景蘇厲樂毅之徒通其意吴起孫臏帶佗兒良王廖田忌廉頗趙奢之倫制其兵嘗以什倍之地百萬之衆仰關而攻秦秦人開關而延敵九國之師逡巡而不敢進秦無亡矢遺鏃之費而天下諸侯已困矣于是從散約解爭割

地而賂秦秦有餘力而制其弊追亡逐北伏尸百萬流血漂櫓因利乘便宰割天下分裂河山彊國請伏弱國入朝施及孝文王莊襄王享國日淺國家無事及至始皇奮六世之餘烈振長策而御宇内吞二周而亡諸侯履至尊而制六合執敲朴以鞭笞天下威振四海南取百粤之地以爲桂林象郡百粤之君俛首繫頸委命下吏乃使蒙恬北築長城而守藩籬却匈奴七百餘里胡人不敢南下而牧馬義士不敢彎弓而報怨于是廢先王之道

燔百家之言以愚黔首墮名城殺豪俊收天下之兵聚之咸陽銷鋒鍉鑄以爲金人十二以弱天下之民然後踐華爲城因河爲池據億丈之城臨不測之谿以爲固良將勁弩守要害之處信臣精卒陳利兵而誰何天下已定始皇之心自以爲關中之固金城千里子孫帝王萬世之業也始皇既沒餘威震于殊俗然而陳涉甕牖繩樞之子氓隸之人而遷徙之徒也材能不及中庸非有仲尼墨翟之賢陶朱猗頓之富躡足行伍之間俛起阡陌率

疲散之卒將數百之衆轉而攻秦斬木爲兵揭竿爲旗天下雲會而響應贏糧而景從山東豪傑遂並起而亡秦族矣且夫天下非小弱也雍州之地崤函之固自若也陳涉之位不尊于齊楚燕趙韓魏宋衛中山之君也鉏耰棘矜不銛于鉤戟長鎩音殺也謫戍之衆非抗九國之師也深謀遠慮行軍用兵之道非及曩時之士也然而成敗異變功業相反試使山東之國與陳涉度長絜大比權量力則不可同年而語矣然秦以區區之地致萬乘之

權招八州而朝同列百有餘年矣然後以六合爲家崤函爲宮一夫作難而七廟隳身死人手爲天下笑者何也仁義不施而攻守之勢異也

賈誼治安策

臣竊惟事勢可爲痛哭者一可爲流涕者二可爲長太息者六若其他背理而傷道者難徧以疏舉進言者皆曰天下已安已治矣臣獨以爲未也曰安且治者非愚則諛皆非事實知治亂之體者也夫抱火厝音措之積薪之下而寢其上火未及燃因謂之安方今之勢何以異此本末舛逆首尾衡决國制搶音傖攘音釀非甚有紀胡可謂治陛下何不一令臣得熟数之於前因陳治安之策試詳擇焉夫

射獵之娛與安危之機孰急使爲治勞智慮苦身體之鍾鼓之樂勿爲可也樂與今同而加之諸侯軌道兵革不動民保首領匈奴賓服四荒鄉風百姓素朴獄訟衰息大數既得則天下順治海内之氣清和咸理生爲明帝没爲明神名譽之美垂於無窮禮祖有功而宗有德使顧成之廟稱爲太宗上配太祖與漢亡極建久安之勢成長治之業以承祖廟以奉六親至孝也以幸天下以育羣生至仁也立綱陳紀輕重同得後可以爲萬世法程雖

有愚幼不肖之嗣猶得嘗業而安至明也以陛下之明達因使少知治體者得佐下風致此非難也其具可素陳於前願幸無忽臣謹稽之天地驗之往古按之當今之務日夜念此至熟也雖使舜禹復生爲陛下計亡以易此夫樹國固必相疑之勢下數被其殃上數爽其憂甚非所以安上而全下也今或親弟謀爲東帝親兄之子西鄉而擊今吳又見告矣天子春秋鼎盛行義未過德澤有加焉猶尚如是況莫大諸侯權力且十此者乎然而天

下少安何也大國之王幼弱未壯漢之所置傅相方握其事数年之後諸侯之王大抵皆冠血氣方剛漢之傅相稱病而賜罷彼自丞尉以上徧置私人如此有異淮南濟北之爲邪此時而欲爲治安雖堯舜不治黄帝曰日中必熭(音衛)操刀必割今令此道順而全安甚易不肯早爲已迺墮骨肉之屬而抗剄(音經)之豈有異秦之季氏乎夫以天子之位乘今之時因天之助尚憚以危爲安以亂爲治假設陛下居齊桓之處將不合諸侯而匡天下乎臣

又知陛下有所必不能矣假設天下如曩時淮陰侯尚王楚黥布王淮南彭越王梁韓信王韓張敖王趙貫高爲相盧綰王燕陳豨在代令此六七公者皆無恙當是時而陛下即天子位能自安乎臣有以知陛下之不能也天下殽亂高皇帝與諸公併起非有仄室之勢以豫席之也諸公幸者迺爲中涓其次廑得舍人材之不遠至遠也高皇帝以明聖威武即天子位割膏腴之地以王諸公多者百餘城少者乃三四十縣德至渥也然其後七年

之間反者九起陛下之與諸公非親角材而臣之也又非身封王之也自高皇帝不能以是一歲爲安故臣知陛下之不能也然尚有可諉者曰踈臣請試言其親者假令悼惠王王齊元王王楚中子王趙幽王王淮陽共王王梁靈王王燕厲王王淮南六七貴人皆無恙當是時陛下即位能爲治乎臣又知陛下之不能也若此諸王名雖爲臣實皆有布衣昆弟之心慮亡不帝制而天子自爲者擅爵人赦死辠甚者或戴黃屋漢法令非行也雖行

不軌如厲王者今之不肯聽召之安可致乎幸而來至法安可得加動一親戚天下圜視而起陛下之臣雖有悍如馮敬者適啓其口匕首已陷其匈矣陛下雖賢誰與領此故疏者必危親者必亂已然之效也其異姓負彊而動者漢已幸勝之矣又不易其所以然同姓襲是跡而動既有徵矣其勢盡又復然殃旤之變未知所移明帝處之尚不能以安後世將如之何屠牛坦一朝解十二牛而芒刃不頓者所排擊剥割皆衆理解（音懈）也至於髖（音寬）

髀（音陛）之所非斤則斧夫仁義恩厚人主之芒刃也權勢法制人主之斤斧也今諸侯王皆衆髖髀也釋斤斧之用而欲嬰以芒刃臣以爲不缺則折胡不用之淮南濟北勢不可也臣竊跡前事大抵彊者先反淮陰王楚最彊則最先反韓信倚胡則又反貫高因趙資則又反陳豨兵精則又反彭越用梁則又反黥布用淮南則又反盧綰最弱最後反長沙乃在二萬五千戸耳功少而最完勢疏而最忠非獨性異人也亦形勢然也曩令樊酈絳灌據

数十城而王令雖以殘亡可也令信越之倫列爲徹侯而居雖至今存可也然則天下之大計可知已欲諸王之皆忠附則莫若令如長沙王欲臣子之勿菹醢則莫若令如樊酈等欲天下之治安莫若衆建諸侯而少其力力少則易使以義國小則亡邪心令海内之勢如身之使臂臂之使指莫不制從諸侯之君不敢有異心輻輳並進而歸命天子雖在細民且知其安故天下咸知陛下之明割地定制令齊趙楚各爲若干國使悼惠王幽王元

王之子孫畢以次各受祖之分地地盡而止及燕梁宅國皆然其分地衆而子孫少者建以爲國空而置之須其子孫生者舉使君之諸侯之地其削頗入漢者爲徙其侯國及封其子孫也所以數償之一寸之地一人之衆天子無所利焉誠以定治而已故天下咸知陛下之廉地制一定宗室子孫莫慮不王下無倍畔之心上無誅伐之志故天下咸知陛下之仁法立而不犯令行而不逆貫高利幾之謀不生柴奇開章之計不萌細民鄉善大臣

效順故天下咸知陛下之義臥赤子天下之上而安植遺腹朝委裘而天下不亂當時大治後世誦聖一動而五業附陛下誰憚而久不爲此天下之勢方病大瘇一脛之大幾如腰一指之大幾如股平居不可屈信一二指慉身慮亡聊失今不治必爲錮疾後雖有扁鵲不能爲已病非徒瘇也又苦跖（即蹠）盭（即戾）元王之子帝之從弟也今之王者從弟之子也惠王親兄子也今之王者兄子之子也親者或亡分地以安天下疏者或制大權以偪天子

臣故曰非徒病瘇也又苦𨂂盭可痛哭者此病是也天下之勢方倒懸凡天子者天下之首何也上也蠻夷者天下之足何也下也今匈奴嫚娒（作侮）侵掠至不敬也爲天下患至亡已也而漢歲致金絮采繒以奉之夷狄徵令是主上之操也天子共（作恭）貢是臣下之禮也足反居上首顧居下倒懸如此莫之能解猶爲國有人乎非亶（作但）倒懸而已又類碎（音辟）且病痱（音肥）夫碎者一面病痱者一方痛今西邊北邊之郡雖有長爵不輕得復五尺以上不輕

得息斥候望烽燧不得臥將吏被介胄而睡臣故曰一方病矣醫能治之而上不使可爲流涕者此也陛下何忍以帝皇之號爲戎人諸侯勢既卑辱而禍不息長此安窮進謀者率以爲是固不可解也亡具甚矣臣竊料匈奴之衆不過漢一大縣以天下之大困於一縣之衆甚爲執事者羞之陛下何不試以臣爲屬國之官以主匈奴行臣之計請必係單于之頸而制其命伏中行音杭說音悅而笞其背舉匈奴之衆唯上之令今不獵猛獸而獵田彘

不搏反冦而搏畜兎翫細娛而不圖大患非所以爲安也德可遠施威可遠加而直数百里外威令不信作伸可爲流涕者此也今民賣僮者爲之繡衣絲履偏諸緣內之閑中是古天子后服所以廟而不宴者也而庶人得以衣婢妾白縠之表薄紈之裏緁以偏諸美者黼繡是古天子之服今富人大賈嘉會召客者以被牆古者以奉一帝一后而節適今庶人屋壁得爲帝服倡優下賤得爲后飾然而天下不屈者殆未有也且帝之身自衣皁綈而

富民墻屋被文繡天子之后以緣其領庶人孽妾緣其履此臣所謂舛也夫百人作之不能衣一人欲天下亡寒胡可得也一人耕之十人聚而食之欲天下亡饑不可得也饑寒切於民之肌膚欲其亡爲姦邪不可得也國已屈矣盜賊直須時耳然而獻計者曰毋動爲大耳夫俗至大不敬也至亡等也至冒上也進計者猶曰毋爲可爲長太息者此也商君遺禮義棄仁恩幷心於進取行之二歲秦俗日敗故秦人家富子壯則出分家貧子壯則

出贅借父耰鉏慮有德色母取箕箒立而誶(音碎)語
抱哺其子與公併倨婦姑不相說(音悅)則反脣而相
稽其慈子耆利不同禽獸者亡幾耳然幷心而赴
時猶曰蹷(音厥)六國兼天下功成求得矣終不知反
廉愧之節仁義之厚信幷兼之法遂進取之業天
下大敗衆掩寡智欺愚勇威怯壯凌衰其亂至矣
是以大賢起之威震海內德從天下曩之爲秦者
今轉而爲漢矣然其遺風餘俗猶尚未改今世以
侈靡相競而上亡制度棄禮誼捐廉恥日甚可謂

月異而歲不同矣逐利不耳慮非顧行也今其甚者殺父兄矣盜者剟音輟寢戶之簾搴音騫兩廟之器白晝大都之中剽音票吏而奪之金矯僞者出幾十萬石粟賦六百餘萬錢乘傳而行郡國此其亡行義之尤至者也而大臣特以簿書不報期會之間以爲大故至於俗流失世壞敗固恬而不知怪慮不動於耳目以是爲適然耳夫移風易俗使天下回心而鄉道類非俗吏之所能爲也俗吏之所務在於刀筆筐篋而不知大體陛下又不自憂竊爲

陛下惜之夫立君臣等上下使父子有禮六親有紀此非天之所爲人之所設也夫人之所設不爲不立不植則僵不脩則壞筦子曰禮義廉恥是謂四維四維不張國乃滅亡使筦子愚人也則可筦子而少知治體則是豈可不爲寒心哉秦滅四維而不張故君臣乖亂六親殃戮姦人並起萬民離叛凡十五歲而社稷爲虛今四維猶未備也故姦人幾幸而衆心疑惑豈如今定經制令君君臣臣上下有差父子六親各得其宜姦人無所幾幸而

羣臣衆信上不疑惑此業一定世世常安而後有所持循矣若夫經制不定是猶渡江河亡維楫中流而遇風波船必覆矣可爲長太息者此也夏爲天子十有餘世而殷受之殷爲天子二十餘世而周受之周爲天子三十餘世而秦受之秦爲天子二世而亡人性不甚相遠也何三代之君有道之長而秦無道之暴也其故可知也古之王者太子迺生固舉以禮使士負之有司齊肅端冕見之南郊見于天也過闕則下過廟則趨孝子之道也故

自爲赤子而教固已行矣昔者成王幼在襁抱之中召公爲太保周公爲太傅太公爲太師保保其身體傅傅之德義師道之教訓此三公之職也於是爲置三少皆上大夫也曰少保少傅少師是與太子宴者也故迺孩提有識三公三少因明孝仁禮義以道習之逐去邪人不使見惡行於是皆選天下之端士孝悌博聞有道術者以衛翼之使與太子居處出入故太子迺生而見正事聞正言行正道左右前後皆正人也夫習與正人居之不能

毋正猶生長於齊不能不齊言也習與不正人居之不能毋不正猶生長於楚之地不能不楚言也故擇其所耆必先受業廼得嘗之擇其所樂必先有習廼得爲之孔子曰少成若天性習貫如自然及太子少長知妃色則入于學學者所學之官也學禮曰帝入東學上親而貴仁則親踈有序而恩相及矣帝入南學上齒而貴信則長幼有差而民不誣矣帝入西學上賢而貴德則聖智在位而功不遺矣帝入北學上貴而尊爵則貴賤有等而下

不隃矣帝入太學承師問道退習而考於太傅太傅罰其不則而匡其不及則德智長而治道得矣此五學者既成於上則百姓黎民化輯於下矣及太子既冠成人免於保傅之嚴則有紀過之史徹膳之宰進善之旌誹謗之木敢諫之鼓瞽史誦詩工誦箴諫大夫進謀士傳民語習與智長故切而不媿化與心成故中道若性三代之禮春朝朝日秋暮夕月所以明有敬也春秋入學坐國老執醬而親餽之所以明有孝也行以鸞和步中釆齊趣

中肆夏所以明有度也其於禽獸見其生不見其死聞其聲不食其肉故遠庖廚所以長恩且明有仁也夫三代之所以長久者以其輔翼太子有此具也及秦則不然其俗固非貴辭讓也所上者告訐也固非貴禮義也所上者刑罰也使趙高傅胡亥而教之獄所習者非斬劓人則夷人之三族也故胡亥今日即位而明日射人忠諫者謂之誹謗深計者謂之妖言其視殺人若艾草菅（音奸）然豈惟胡亥之性惡哉彼其所以道之者非其理故也鄙

諺曰不習爲吏視已成事又曰前車覆後車誡夫三代之所以長久者其已事可知也然而不能從者是不法聖智也秦世之所以亟絕者其轍跡可見也然而不避是後車又將覆也夫存亡之變治亂之機其要在是矣天下之命懸於太子太子之善在於早諭教與選左右夫心未濫而先諭教則化易成也開於道術智誼之指則教之力也若其服習積貫則左右而已夫胡粤之人生而同聲耆欲不異及其長而成俗累數譯而不能相通行者

有雖死而不相爲者則教習然也臣故曰選左右早諭教最急夫教得而左右正則太子正矣太子正而天下定矣書曰一人有慶兆民賴之此時務也凡人之智能見已然不能見將然夫禮者禁於將然之前而法者禁於已然之後是故法之所用易見而禮之所爲至難知也若夫慶賞以勸善刑罰以懲惡先王執此之政堅如金石行此之令信如四時據此之公無私如天地耳豈顧不用哉然而曰禮云禮云者貴絕惡於未萌而起教於微眇

使民日遷善遠罪而不自知也孔子曰聽訟吾猶人也必也使無訟乎爲人主計者莫如先審取舍取舍之極定於内而安危之萌應於外矣安者非一日而安也危者非一日而危也皆以積漸然不可不察也人主之所積在其取舍以禮義治之者積禮義以刑罰治之者積刑罰刑罰積而民怨背禮義積而民和親故世主欲民之善同而所以使民善者或異或道之以德教或敺之以法令道之以德教者德教治而民氣樂敺之以法令者法令

極而民風哀哀樂之感禍福之應也秦王之欲尊宗廟而安子孫與湯武同然而湯武廣大其德行六七百歲而弗失秦王治天下十餘歲則大敗此亡宅故矣湯武之定取舍審而秦王之定取舍不審矣夫天下大器也今人之置器置諸安處則安置諸危處則危天下之情與器亡以異在天子之所置之湯武置天下於仁義禮樂而德澤洽禽獸草木廣裕德被蠻貊四夷累子孫数十世此天下所共聞也秦王置天下於法令刑罰德澤亡一有

而怨毒盈於世下憎惡之如仇讎禍機及身子孫誅絕此天下之所共見也是非其明效大驗耶人之言曰聽言之道必以其事觀之則言者莫敢妄言今或言禮誼之不如法令教化之不如刑罰人主胡不引殷周秦事以觀之也人主之尊譬如堂羣臣如陛衆庶如地故陛九級上廉遠地則堂高陛亡級廉近地則堂卑高者難攀卑者易陵理勢然也故古者聖王制爲等列內有公卿大夫士外有公侯伯子男然後有官師小吏延及庶人等級

分明而天子加焉故其尊不可及也里諺曰欲投鼠而忌器此善諭也鼠近於器尚憚不投恐傷其器況於貴臣之近主乎廉恥節禮以治君子故有賜死而亡戮辱是以黥劓之辠不及大夫以其離主上不遠也禮不敢齒君之路馬蹵音促其芻者有罰見君之几杖則起遭君之乘車則下入正門則趨君之寵臣雖或有過刑戮之辠不加其身者尊君之故也此所以爲主上豫遠不敬也所以體貌大臣而厲其節也今自王侯三公之貴皆天子之

所改容而禮之也古天子之所謂伯父伯舅也而令與衆庶同黥劓髡音昆刖音月笞傌音罵棄市之法然則堂不亡陛乎被戮辱者不泰迫乎廉恥不行大臣無迺握重權大官而有徒隸亡恥之心乎夫望夷之事二世見當以重法者投鼠而不忌器之習也臣聞之履雖鮮不加於枕冠雖敝不以苴履夫嘗已在貴寵之位天子改容而體貌之矣吏民嘗俯伏以敬畏之矣今而有過帝令廢之可也退之可也賜之死可也滅之可也若夫束縛之係緤之

輸之司寇編之徒官司寇小吏詈罵而榜笞之殆非所以令衆庶見也夫卑賤者習知尊貴者之一旦吾亦迺可以加此也非所以習天下也非尊尊貴貴之化也夫天子之所嘗敬衆庶之所嘗寵死而死耳賤人安宜得如此而頓辱之哉豫讓事中行之君智伯伐而滅之移事智伯及趙滅智伯豫讓釁面吞炭必報襄子五起而五不中人問豫子豫子曰中行衆人畜我我故衆人事之智伯國士遇我我故國士報之故此一豫讓也反君事讎行

若狗彘已而抗節致忠行出乎列士人主使然也故主上遇其大臣如遇犬馬彼將犬馬自爲也如遇官徒彼將官徒自爲也頑頓亡恥奊音其詬音后亡節廉恥不立且不自好苟若而可故見利則逝見便則奪主上有敗則因而挻鯅擅二音之矣主上有患則吾苟免而已立而觀之耳有便吾身者則欺賣而利之耳人主將何便於此羣下至衆而主上至少也所託財器職業者粹於羣下也俱亡恥俱苟安則主上最病故古者禮不及庶人刑不至大夫

所以厲寵臣之節也古者大臣有坐不廉而廢者不謂不廉曰簠[音甫]簋[音軌]不飾坐汙穢淫亂男女亡别者不曰汙穢曰帷薄不修坐罷軟不勝任者不謂罷軟曰下官不職故貴大臣定有其辠矣猶未斥然正以謼之也尚遷就而爲之諱也故其在大譴大呵之域者聞譴呵則白冠氂[音厘]纓盤水加劍造請室而請辠耳上不執縛係引而行也其有中罪者聞命而自弛上不使人頸盭而加也其有大辠者聞命則北面再拜跪而自裁上不使捽[音族]抑

而刑之也曰子大夫自有過耳吾遇子有禮矣遇之有禮故羣臣自憙嬰以廉恥故人矜節行上設廉恥禮義以遇其臣而臣不以節行報其上者則非人類也故化成俗定則爲人臣者主耳忘身國耳忘家公耳忘私利不苟就害不苟去唯義所在上之化也故父兄之臣誠死宗廟法度之臣誠死社稷輔翼之臣誠死君上守國扞敵之臣誠死城郭封疆故曰聖人有金城者比物比志也彼且爲我死故吾得與之俱生彼且爲我亡故吾得與之

俱存夫將爲我危故吾得與之皆安顧行而忘利守節而仗義故可以託不御之權可以寄六尺之孤此厲廉恥行禮誼之所致也主上何喪焉此之不爲而顧彼之久行故曰可爲長太息者此也

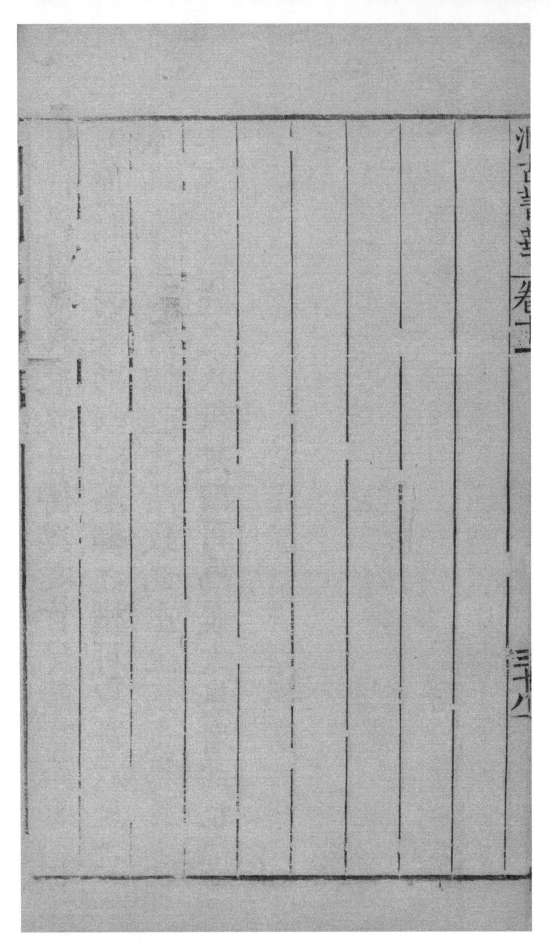

賈誼論積貯

筦子曰倉廩實而知禮節民不足而可治者自古及今未之嘗聞古之人曰一夫不耕或受之饑一女不織或受之寒生之有時而用之無度則物力必屈古之治天下至纖至悉故其畜積足恃今背本而趨末食者甚衆是天下之大殘也淫侈之俗日月以長是天下之大賊也殘賊公行莫之或止大命將泛莫之振救生之者甚少而靡之者甚多天下財產何得不蹶漢之爲漢幾四十年矣公私

之積猶可哀痛失時不雨民且狼顧歲惡不入請賣爵子既聞耳矣安有爲天下阽危者若是而上不驚者世之有饑穰天之行也禹湯被之矣卽不幸有方二三千里之旱國胡以相恤卒然邊境有急數十百萬之衆國胡以餽之兵旱相乘天下大屈有勇力者聚徒而衡擊罷夫羸老易子而齩音咬其骨政治未畢通也遠方之能疑者並舉而爭起矣迺駭而圖之豈將有及乎夫積貯者天下之大命也苟粟多而財有餘何爲而不成以攻則取以

守則固以戰則勝懐敵附遠何招而不至今敺民而歸之農皆著於本使天下各食其力末技游食之民轉而緣南畮則畜積足而人樂其所矣可以爲富安天下而直爲此廪廪也竊爲陛下惜之

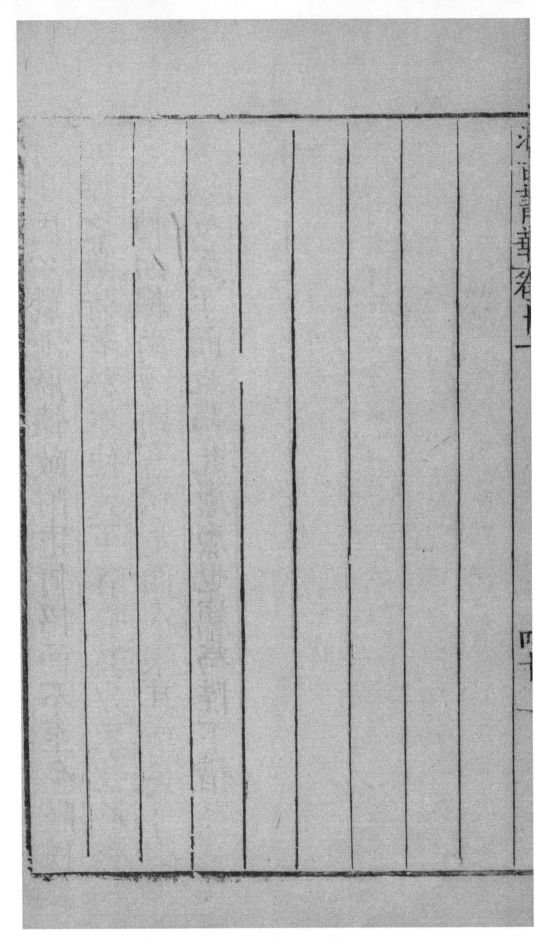

賈誼請封建子弟疏

陛下即不定制如今之勢不過一傳再傳諸侯猶且人恣而不制豪植而太彊漢法不得行矣陛下所以爲藩扞及皇太子之所恃者唯淮陽代二國耳代北邊匈奴與强敵爲鄰能自完則足矣而淮陽之比大諸侯廑如黑子之著面適足以餌大國耳不足以有所禁禦方今制在陛下制國而令子適足以爲餌豈可謂工哉人主之行異布衣布衣者飾小行競小廉以自托於鄉黨人主唯天下安

社稷固不耳高皇帝瓜分天下以王功臣反者如
蝟毛而起以爲不可故蘄音芰去不義諸侯而虚其
國擇良日立諸子雒陽上東門之外畢以爲王而
天下安故大人者不牽小行以成大功今淮南地
遠者或數千里越兩諸侯而縣屬於漢其吏民繇
役往來長安者自悉而補中道衣敝錢用諸費稱
此其苦屬漢而欲得王至甚逋逃而歸諸侯者已
不少矣其勢不可久臣之愚計願舉淮南地以益
淮陽而爲梁王立後割淮陽北邊二三列城與東

郡以益梁不可者可徙代王而都睢陽梁起於新
郪以北著之河淮陽包陳以南揵之江則大諸侯
之有異心者破膽而不敢謀梁足以扞齊趙淮陽
足以禁吳楚陛下高枕終亡山東之憂矣此二世
之利也當今恬然適遇諸侯之皆少數歲之後陛
下且見之矣夫秦日夜苦心勞力以除六國之禍
今陛下力制天下頤指如意高拱以成六國之禍
難以言智苟身亡事畜亂宿禍孰視而不定萬年
之後傳之老母弱子將使不寧不可謂仁臣聞聖

主言問其臣而不自造事故使人臣得畢其愚忠

唯陛下財幸

賈誼弔屈原賦

恭承嘉惠兮竢罪長沙仄聞屈原兮自沉汨羅造托湘流兮敬弔先生遭世罔極兮迺隕厥身嗚呼哀哉兮逢時不祥鸞鳳伏竄兮鴟鴞翺翔闒（音塔）茸（音冗）尊顯兮讒諛得志賢聖逆曳兮方正倒植謂隨夷溷兮謂跖（音隻）蹻（音脚）廉莫邪爲鈍兮鉛（音沿）刀爲銛（音恬）吁嗟默默生之亡故兮棄周鼎寶康瓠兮騰駕罷牛驂蹇驢兮驥垂兩耳服鹽車兮章甫薦屨漸不可久兮嗟苦先生獨離此咎兮誶（音碎）曰已矣國

其莫吾知兮子獨壹鬱其誰語鳳縹縹音飄其高逝兮夫固自引而遠去襲九淵之神龍兮沕音勿淵潛以自珍偭音面蟂音梟獺以隱處兮夫豈從蝦與蛭音質螾音引所貴聖之神德兮遠濁世而自臧使麒麟可係而羈兮豈云異夫犬羊般音班紛紛其離此郵兮亦夫子之故也歷九州而相其君兮何必懷此都也鳳凰翔于千仞兮覽德輝而下之見細德之險徵兮遥增擊而去之彼尋常之汙瀆兮豈容吞舟之魚橫江湖之鱣鯨兮固將制於螻螘音擬

晁錯論貴粟

聖王在上而民不凍饑者非能耕而食之織而衣之也爲開其資財之道也故堯禹有九年之水湯有七年之旱而國亡捐瘠者以蓄積多而備先具也今海内爲一土地人民之衆不避湯禹加以亡天災數年之水旱而蓄積未及者何也地有餘利民有餘力生穀之土未盡墾山澤之利未盡出也游食之民未盡歸農也民貧則姦邪生貧生於不足不足生於不農不農則不地著不地著則離鄉

輕家民如鳥獸雖有高城深地嚴法重刑猶不能
禁也夫寒之於衣不待輕煖饑之於食不待甘旨
饑寒至身不顧廉耻人情一日不再食則饑終歲
不制衣則寒夫腹饑不得食膚寒不得衣雖慈母
不能保其子君安能以有其民哉明主知其然也
故務民於農桑薄賦斂廣畜積以實倉廩備水旱
故民可得而有也民者在上所以牧之趨利如水
走下四方亡擇也夫珠玉金銀饑不可食寒不可
衣然而衆貴之者以上用之故也其爲物輕微易

藏在於把握可以周海內而亡饑寒之患此令臣輕背其主而民易去其鄉盜賊有所勸亡逃者得輕資也粟米布帛生於地長於時聚於力非可一日成也數石之重中人弗勝不爲奸邪所利一日弗得而饑寒至是故明君貴五穀而賤金玉今農夫五口之家其服役者不下二人其能耕者不過百畝百畝之收不過百石春耕夏耘秋穫冬藏伐薪樵治官府給繇役春不得避風塵夏不得避暑熱秋不得避陰雨冬不得避寒凍四時之間亡日

休息又私自送往迎來弔死問疾養孤長幼在其中勤苦如此尚復被水旱之災急政暴虐賦斂不時朝令而暮改當其有者半賈而賣亡者取倍稱之息於是有賣田宅鬻子孫以償債者矣而商賈大者積貯倍息小者坐列販賣操其奇贏日游都市乘上之急所賣必倍故其男不耕耘女不蠶織衣必文采食必粱肉亡農夫之苦有阡陌之得因其富厚交通王侯力過吏勢以利相傾千里游敖冠蓋相望乘堅策肥履絲曳縞此商人所以兼并

農人農人所以流亡者也今法律賤商人商人已富貴矣尊農夫農夫已貧賤矣故俗之所貴主之所賤也吏之所卑法之所尊也上下相反好惡乖迕而欲國富法立不可得也方今之務莫若使民務農而已矣欲民務農在於貴粟貴粟之道在於使民以粟為賞罰今募天下入粟縣官得以拜爵得以除罪如此富人有爵農民有錢粟有所渫夫能入粟以受爵皆有餘者也取於有餘以供上用則貧民之賦可損所謂損有餘補不足令出而民

利者也順於民心所補者三一曰主用足二曰民賦少三曰勸農功今令民有車騎馬一匹者復卒三人車騎者天下武備也故爲復卒神農之教曰有石城十仞湯池百步帶甲百萬而無粟弗能守也以是觀之粟者王者大用政之本務令民入粟受爵至五大夫以上廼復一人耳此其與騎馬之功相去遠矣爵者上之所擅出於口而無窮粟者民之所種生於地而不乏夫得高爵與免罪人之所甚欲也使天下人入粟於邊以受爵免罪不過

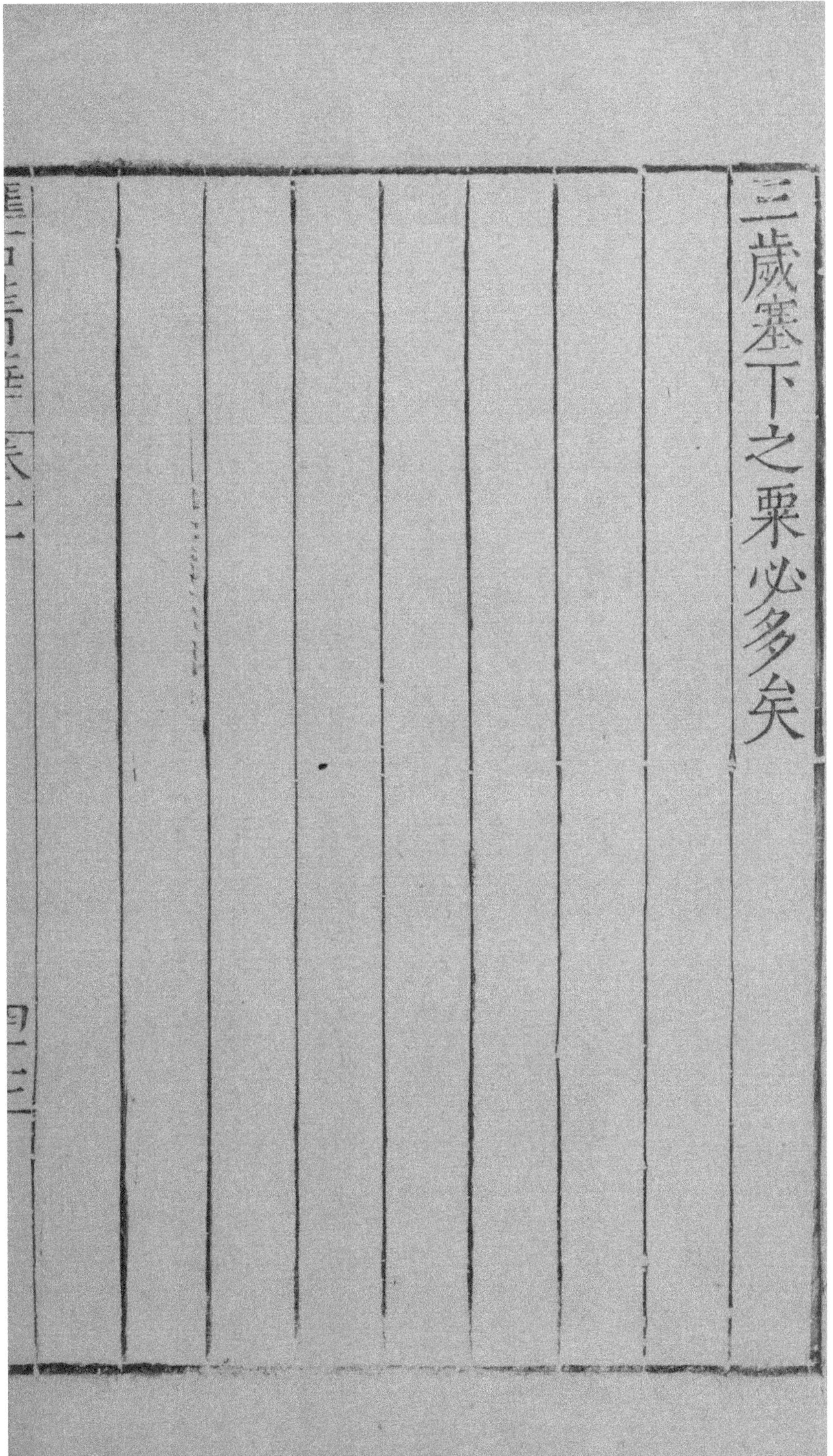

三歲塞下之粟必多矣

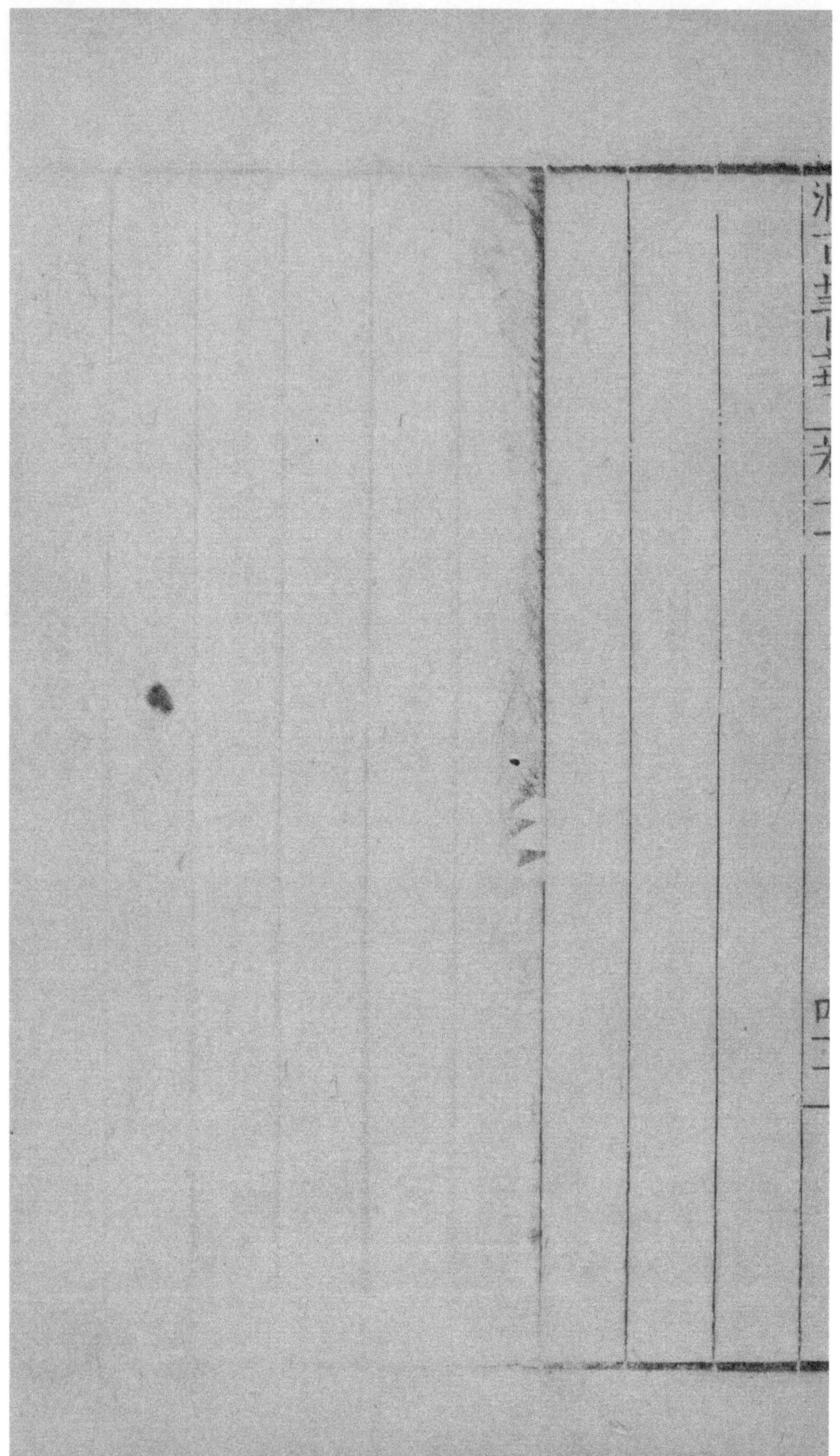

晁錯言兵事書

臣聞漢興以來胡虜数入邊地小入則小利大入則大利高后時再入隴西攻城屠邑敺畧畜產其後復入隴西殺吏卒大寇盜竊聞戰勝之威民氣百倍敗兵之卒沒世不復自高后以來隴西三困於匈奴矣民氣破傷亡有勝意今茲隴西之吏賴社稷之神靈奉陛下之明詔和輯士卒底厲其節起破傷之民以當乘勝之匈奴用少擊衆殺一王敗其衆而法曰大有利非隴西之民有勇怯迺將

吏之制巧拙異也故兵法曰有必勝之將無必勝之民繇此覩之安邊境立功名在于良將不可不擇也臣又聞用兵臨戰合刃之急者三一曰得地形二曰卒服習三曰器用利兵法曰丈五之溝漸車之水山林積石經川丘阜草木所在此步兵之地也車騎二不當一土山丘陵曼衍相屬平原廣野此車騎之地也步兵十不當一平陵相遠川谷居間仰高臨下此弓弩之地也短兵百不當一兩陳相近平地淺草可前可後此長戟之地也劍楯

三不當一萑音完葦竹蕭草木蒙蘢支葉茂接此矛鋋音延之地也長戟二不當一曲道相伏險阨相薄此劍戟之地也弓弩三不當一士不選練卒不服習起居不精動靜不集趨利弗及避難不畢前擊後觧與金鼓之音相失此不習勒兵之過也百不當十兵不完利與空手同甲不堅密與袒裼同弩不可以及遠與短兵同射不能中與亡矢同中不能入與亡鏃同此將不省兵之禍也五不當一故兵法曰器械不利以其卒予敵也將不知兵以其

主予敵也君不擇將以其國予敵也四者兵之至要也臣又聞小大異形彊弱異勢險易異備夫卑身以事强小國之形也合小以攻大敵國之形也以蠻夷攻蠻夷中國之形也今匈奴地形技藝與中國異上下山阪出入溪澗中國之馬弗與也險道傾仄且馳且射中國之騎弗與也風雨罷勞饑渴不困中國之人弗與也此匈奴之長技也若夫平原易地輕車突騎則匈奴之衆易撓亂也勁弩長戟射疏及遠則匈奴之弓弗能格也堅甲利刃

長短相雜遊弩往來什伍俱前則匈奴之兵弗能當也材官騶發矢道同的則匈奴之革笥木薦弗能支也下馬地鬭劍戟相接去就相薄則匈奴之足弗能給也此中國之長技也以此觀之匈奴之長技三中國之長技五陛下又興數十萬之衆以誅數萬之匈奴衆寡之計以一擊十之術也雖然兵凶器戰危事也以大爲小以强爲弱在俛卬之閒耳夫以人之死爭勝跌音迭而不振則悔之亡及也帝王之道出于萬全今降胡義渠蠻夷之屬來

歸誼者其衆數千飲食長技與匈奴同可賜之堅甲絮衣勁弓利矢益以邊郡之良騎令明將能知其習俗和輯其心者以陛下之明約將之卽有險阻以此當之平地通道則以輕車材官制之兩軍相爲表裡各用其長技衡加之以衆此萬全之術也傳曰狂夫之言而明主擇焉臣錯愚陋昧死上狂言唯陛下財擇

鼂錯論守邊備塞事

臣聞秦時北攻胡貉築塞河上南攻楊粵置戍卒焉其起兵而攻胡粵者非以衛邊地而救民死也貪戾而欲廣大也故功未立而天下亂且夫起兵而不知其勢戰則爲人禽屯則卒積死夫胡貉之地積陰之處也木皮三寸冰厚六尺食肉而飲酪其人密理鳥獸毳毛其性能寒楊粵之地少陰多陽其人疏理鳥獸希毛其性能暑秦之戍卒不能其水土戍者死於邊輸者僨於道秦民見行如往

棄市因以謫發之名曰謫戍先發吏有謫及贅壻賈人後以嘗有市籍者又後以大父母父母嘗有市籍者後入閭取其左發之不順行者深怨有背叛之心凡民守戰至死而不降北者以計爲之也故戰勝守固則有拜爵之賞攻城屠邑則得其財鹵以富家室故能使其衆蒙矢石赴湯火視死如生今秦之發卒也有萬死之害而亡銖兩之報死事之後不得一算之復天下明知禍烈及已也陳勝行戍至於大澤爲天下先倡天下從之如流水

者秦以威刼而行之之敝也胡人衣食之業不著於地其勢易以擾亂邊境何以明之胡人食肉飲酪衣皮毛非有城郭田宅之歸居如飛鳥走獸於廣壄美草甘水則止草盡水竭則移以是觀之往來轉徙時至時去此胡人之生業而中國之所以離南晦也今使胡人數處轉牧行獵於塞下或當燕代或當上郡北地隴西以候備塞之卒卒少則入陛下不救則邊民絕望而有降敵之心救之少發則不足多發遠縣纔至則胡又已去聚而不罷

為費甚大罷之則胡復入如此連年則中國貧苦而民不安矣陛下幸憂邊境遣將吏發卒以治塞甚大惠也然今遠方之卒守塞一歲而更不知胡人之能不如選常居者家室田作且以備之以便為之高城深塹具藺石布渠荅復為一城其內城間百五十步要害之處通川之道調立城邑毋下千家為中州虎落先為室屋具田器迺募辠人及免徒復作令居之不足募以丁奴婢贖罪及輸奴婢欲以拜爵者不足迺募民之欲往者皆賜高爵

復其家予冬夏衣廩食能自給而止郡縣之民得買其爵以自增至卿其亡夫若妻者縣官買予之人情非有匹敵不能久安其處塞下之民祿利不厚不可使久居危難之地胡人入驅而能止其所驅者以其半予之縣官爲贖其民如是則邑里相救助赴胡不避死非以德上也欲全親戚而利其財也此與東方之戍卒不習地勢而心畏胡者功相萬也以陛下之時徙民實邊使遠方亡屯戍之事塞下之民父子相保亡係虜之患利施後世名

稱聖明其與秦之行怨民相去遠矣

鼂錯論募民徙塞下事

陛下幸募民相徙以實塞下使屯戍之事益省輸將之費益寡甚大惠也下吏誠能稱厚惠奉明法存恤所徙之老弱善遇其壯士和輯其心而勿侵刻使先至者安樂而不思故鄉則貧民相募而勸往矣臣聞古之徙遠方以實廣虛也相其陰陽之和嘗其水泉之味審其土地之宜觀其草木之饒然後營邑立城製里割宅通田作之道正阡陌之界先爲築室家有一堂二内門戸之閉置器物焉

民至有所居作有所用此民所以輕棄故鄉而勸之新邑也爲置巫醫以救疾病以脩祭祀男女有昏生死有恤墳墓相從種樹畜長室屋完安此所以使民樂其處而有長居之心也臣又聞古之置邊縣以備敵也使五家爲伍伍有長十長一里里有假士四里一連連有假五百十連一邑邑有假候皆擇其邑之賢材有服習地形知民心者居則習民於射法出則教民於應敵故卒伍成於內則軍政定於外服習以成勿令遷徙幼則同遊長則

共事夜戰聲相知則足以相救晝戰目相見則足以相識懽愛之心足以相死如此而勸以厚賞威以重罰則前死不還踵矣所徙之民非壯有材力但費衣糧不可用也雖有材力不得良吏猶亡功也陛下絕匈奴不與和親臣竊意其冬來南也壹大治則終身創矣欲立威者始於折膠來而不能困使得氣去後未易服也愚臣亡識唯陛下財察

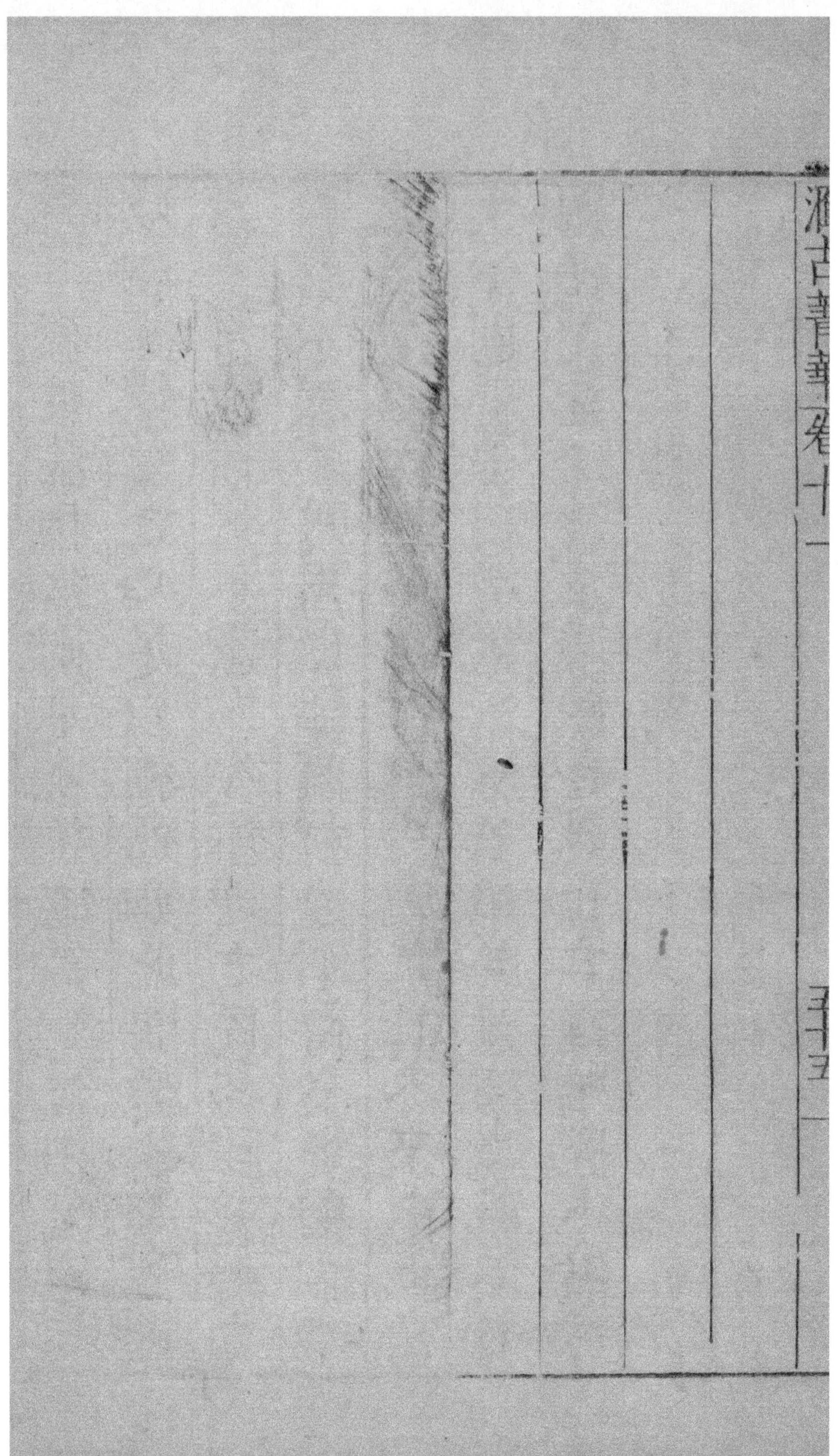

薄昭予淮南厲王書

竊聞大王剛直而勇慈惠而厚貞信多斷是天以聖人之資奉大王也甚盛不可不察今大王所行不稱天資皇帝初即位易侯邑在淮南者大王不肯皇帝卒易之使大王得三縣之實甚厚大王以未嘗與皇帝相見求入朝見未畢昆弟之歡而殺列侯以自爲名皇帝不使吏與其間赦大王甚厚法二千石缺輒言漢補大王逐漢所置而請自置相二千石皇帝骫天下正法而許大王甚厚大王

欲屬國爲布衣守冢真定皇帝不許使大王毋失南面之尊甚厚大王宜日夜奉法度修貢職以稱皇帝之厚德今乃輕言恣行以負謗於天下甚非計也夫大王以千里爲宅居以萬民爲臣妾此高皇帝之厚德也高帝蒙霜露沐風雨赴矢石野戰攻城身被創痍以爲子孫成萬世之業艱難危苦甚矣大王不思先帝之艱苦日夜怵惕修身正行養犧牲豐粢盛奉祭祀以無忘先帝之功德而欲屬國爲布衣甚過且夫貪讓國土之名輕廢先帝

之業不可以言孝父爲之基而不能守不賢不求守長陵而求之眞定先母後父不誼數逆天子之令不順言節行以高兄無禮幸臣有罪大者立斷小者肉刑不仁貴布衣一劍之任賤王侯之位不知不學問大道觸情妄行不祥此八者危亡之路也而大王行之棄南面之位奮諸賁之勇常出入危亡之路臣之所見高皇帝之神必不廟食於大王之手明矣昔者周公誅管叔放蔡叔以安周齊桓殺其弟以反國秦始皇殺兩弟遷其母以安秦

頃王亡代高帝奪之國以便事濟北舉兵皇帝誅之以安漢故周齊行之於古秦漢用之於今大王不察古今之所以安國便事而欲以親戚之意望於太上不可得也亡之諸侯游宦事人及舍匿者論皆有法其在王所吏主者坐今諸侯子爲吏者御史主爲軍吏者中尉主客出入殿門者衛尉大行主諸從蠻夷來歸誼及以亡名數自占者內史縣令主相欲委下吏無與其禍不可得也王若不改漢繫大王邸論相以下爲之柰何夫墮父大業

退爲布衣所哀幸臣皆伏法而誅爲天下笑以羞先帝之德甚爲大王不取也宜急改操易行上書謝罪曰臣不幸早失先帝少孤吕氏之世未嘗忘死陛下即位臣怙恩德驕盈行多不軌追念辠過恐懼伏地待誅不敢起皇帝聞之必喜大王昆弟歡欣於上群臣皆得延壽於下上下得宜海内常安願熟計而疾行之行之有疑禍如發矢不可追也

鄒陽獄中上梁王書

臣聞忠無不報信不見疑臣常以爲然徒虛語耳昔者荊軻慕燕丹之義白虹貫日太子畏之衛先生爲秦畫長平之事太白蝕昴昭王疑之夫精誠變天地而信不諭兩主豈不哀哉今臣盡忠竭誠畢議願知左右不明卒從吏訊爲世所疑是使荊軻衛先生復起而燕秦不悟也願大王熟察之昔玉人獻寶楚王誅之李斯竭忠胡亥極刑是以箕子佯狂接輿避世恐遭此患願大王察玉人李斯

之意而後楚王胡亥之聽無使臣爲箕子接輿所笑臣聞比干剖心子胥鴟夷臣始不信迺今知之願大王熟察少加憐焉語曰白頭如新傾蓋如故何則知與不知也故樊于期逃秦之燕藉荊軻首以奉丹事王奢去齊之魏臨城自剄以却齊而存魏夫王奢樊于期非新於齊秦而故於燕魏也所以去二國死兩君者行合于志而慕義無窮也是以蘇秦不信於天下爲燕尾生白圭戰亡六城爲魏取中山何則誠有以相知也蘇秦相燕人惡之

於燕王燕王按劍而怒食以駃騠白圭顯於中山人惡之於魏文侯文侯投以夜光之璧何則兩主二臣剖心析肝相信豈移於浮辭哉故女無美惡入宮見妬士無賢不肖入朝見嫉昔者司馬喜髕脚於宋卒相中山范雎摺脇折齒於魏卒爲應侯此二人者皆信必然之畫捐朋黨之私挾孤獨之交故不能自免於嫉妬之人也是以申徒狄蹈雍之河徐衍負石入海不容身於世義不苟取比周於朝以移主上之心故百里奚乞食於路穆公委

之以政甯戚飯牛車下而桓公任之以國此二人者豈素宦於朝借譽於左右然後二主用之哉感於心合於意堅如膠漆昆弟不能離豈惑於衆口哉故偏聽生奸獨任成亂昔魯聽季孫之說逐孔子宋信子冉之計囚墨翟夫以孔墨之辯不能自免於讒諛而二國以危何則衆口鑠金積毀銷骨也是以秦用戎人由余而霸中國齊用越人子臧而彊威宣此二國豈拘於俗牽於世繫奇偏之辭哉公聽竝觀垂明當世故意合則胡越爲昆弟由

余子臧是矣不合則骨肉爲讐敵朱象管蔡是矣今人主誠能用齊秦之明後宋魯之聽則五霸不足侔三王易爲比也是以聖王覺悟捐子之之心而不説田常之賢封比干之後修孕婦之墓故功業覆於天下何則欲善無厭也夫晋文公親其讐而彊霸諸侯齊桓公用其仇而一匡天下何則慈仁殷勤誠嘉於心此不可以虛辭借也至夫秦用商鞅之法東弱韓魏立强天下而卒車裂之越用大夫種之謀禽勁吳而霸中國遂誅其身是以孫

叔敖三去相而不悔於陵仲子辭三公爲人灌園今人主誠能去驕傲之心懷可報之意披心腹見情素隳肝膽施德厚終與之窮達無愛於士則桀之犬可使吠堯而跖之客可使刺由何況因萬乘之權假聖王之資乎然則荆軻湛七族要離燔妻子豈足爲大王道哉臣聞明月之珠夜光之璧以暗投人於道衆莫不按劍相眄何則無因而至前也蟠木根柢輪囷離奇而爲萬乘器者何則以左右先爲之容也故無因而至前雖出隋侯之珠夜

光之璧抵足結怨而不見德有人先談則枯木朽株樹功而不忘今天下布衣窮居之士身在貧羸雖蒙堯舜之術挾伊管之辯懷龍逢比干之意欲盡忠當世之君而素無根柢之容雖竭精神欲開忠信輔人主之治則人主必襲按劍相眄之迹矣是使布衣之士不得爲枯木朽株之資也是以聖王制世御俗獨化於陶鈞之上而不牽乎卑辭之語不奪乎衆多之口故秦皇帝任中庶子蒙嘉之言以信荆軻之説而匕首竊發周文王獵涇渭載

呂尚而歸以王天下秦信左右而亡周用烏集而王何則以其能越拘攣之語馳域外之議獨覩於昭曠之道也今人主沉諂諛之辭牽於帷牆之制使不羈之士與牛驥同皁此鮑焦所以忿於世而不留富貴之樂也臣聞盛飾入朝者不以私汙義砥礪名號者不以利傷行故里名勝母曾子不入邑號朝歌墨子迴車今欲使天下恢廓之士誘於威重之權脅於位勢之貴回面汙行以事諂諛之人而求親近於左右則士有伏死堀穴巖藪之中

耳安有盡忠信而趨闕下者哉

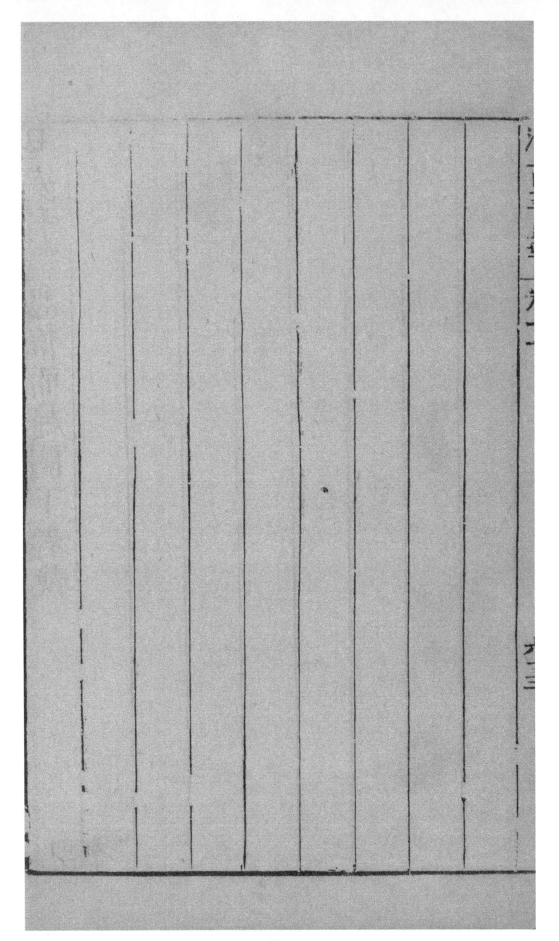

枚乘奏吳王書

臣聞得全者全昌失全者全亡舜無立錐之地以有天下禹無十戶之聚以王諸侯湯武之土不過百里上不絕三光之明下不傷百姓之心者有王術也故父子之道天性也忠臣不避重誅以直諫則事無遺策功流萬世臣乘願披腹心而效愚忠惟大王少加意念惻怛之心於臣乘言夫以一縷之任繫千鈞之重上懸無極之高下垂不測之淵雖甚愚之人猶知哀其將絕也馬方駭鼓而驚之

繫方絶又重鎮之繫絶於天不可復結隊入深淵難以復出其出不出間不容髮能聽忠臣之言百舉必脫必若所欲爲危於累卵難於上天變所欲爲易於反掌安於泰山今欲極天命之壽敝無窮之樂究萬乘之埶不出反掌之易以居泰山之安而欲乗累卵之危走上天之難此愚臣之所大惑也人性有畏其景而惡其迹者卻背而走迹愈多景愈疾不知就陰而止景滅迹絶欲人勿聞莫若勿言欲人勿知莫若勿爲欲湯之滄一人炊之百

人揚之無益也不如絶薪止火而已不絶之於彼而救之於此譬猶抱薪而救火也養由基楚之善射者也去楊葉百步百發百中楊葉之大加百中焉可謂善射矣然其所止迺百步之內耳比於臣乗未知操弓持矢也福生有基禍生有胎納其基絶其胎禍自何來哉泰山之霤（音流）穿石單極之統（音綆）斷幹水非石之鑽索非木之鋸漸靡使之然也夫銖銖而稱之至石必差寸寸而度之至丈必過石稱丈量徑而寡失夫十圍之木始生而蘖足可

搔而絶手可擢而拔據其未生先其未形也磨礲底厲不見其損有時而盡種樹畜養不見其益有時而大積德累行不知其善有時而用棄義背理不知其惡有時而亡臣願大王熟計而身行之此白世不易之道也

枚乘又說吳王辭

昔秦西舉胡戎之難北備榆中之關南距羌筰音作之塞東當六國之從六國乘信陵之籍明蘇秦之約厲荆軻之威并力一心以備秦然秦卒擒六國滅其社稷而并天下是何也則地利不同而民輕重不等也今漢據全秦之地兼六國之衆修戎狄之義而南朝羌筰此其與秦地相什而民相百大王之所明知也今夫讒諛之臣爲大王計者不論骨肉之義民之輕重國之大小以爲吳禍此臣所

以爲大王患也夫舉吳兵以訾於漢譬猶蠅蚋之附群牛腐肉之齒利劍鋒接必無事矣天下聞吳率失職諸侯願責先帝之遺約今漢親誅其三公以謝前過是大王威加於天下而功越於湯武也夫吳有諸侯之位而實富於天子有隱匿之名而居過於中國夫漢幷二十四郡十七諸侯方輸錯出軍行數千里不絕於道其珍怪不如山東之府轉粟西鄉陸行不絕水行滿河不如海陵之倉修治上林雜以離宮積聚玩好圈守禽獸不如長洲

之苑游曲臺臨上路不如朝夕之池深壁高壘副以關城不如江淮之險此臣之所以爲大王樂也今大王還兵疾歸尚得十半不然漢知吳之有吞天下之心也赫然加怒遣羽林黄頭循江而下襲大王之都魯東海絶吳之饟道梁王飾車騎習戰射積粟固守以備滎陽待吳之饑大王雖欲反都亦不得已夫三淮南之計不負其約齊王殺身以滅其迹四國不得出兵其郡趙囚邯鄲此不可掩亦已明矣今大王已去千里之國而制於十里之

内矣張韓將北地弓高宿左右兵不得下壁軍不得太息臣竊哀之願大王孰察焉

董仲舒賢良策一

畧曰天人相與之際甚可畏也國家將有失道之敗而天廼先出災害以譴告之又出怪異以警懼之見天心之仁愛人君而欲止其亂也自非大亡道之世者天盡欲扶持而全安之事在彊勉而已矣彊勉學問則聞見博而知益明彊勉行道則德日起而大有功道者所繇適於治之路也仁義禮樂皆其具也故聖王已没而子孫長久安寧数百歲此皆禮樂教化之功也周道衰於幽厲非道亡

也幽厲不繇也宣王明文武之功業周道粲然復興此夙夜不解行善之所致也王者欲有所爲宜求其端於天天道之大者在陰陽陽爲德陰主刑王者承天意以從事故任德教而不任刑今廢先王德教之官獨任執法之吏而欲德教之被四海難矣爲人君者正心以正朝廷正朝廷以正百官正百官以正萬民四方正遠近莫敢不一於正而亡有邪氣奸其間者是以陰陽調而風雨時群生和而萬物殖諸福之物可致之祥莫不畢至而王

道終矣古之王者莫不以教化爲大務教化行而習俗美也聖王之繼世也掃除其迹而悉去之譬之琴瑟不調甚者必解而更張之乃可鼓也爲政而不行甚者必變而更化之乃可理也古人有言曰臨淵羨魚不如退而結網今臨政而願治七十餘歲矣不如退而更化更化則可善治仁義禮智信五常之道所當修飾也

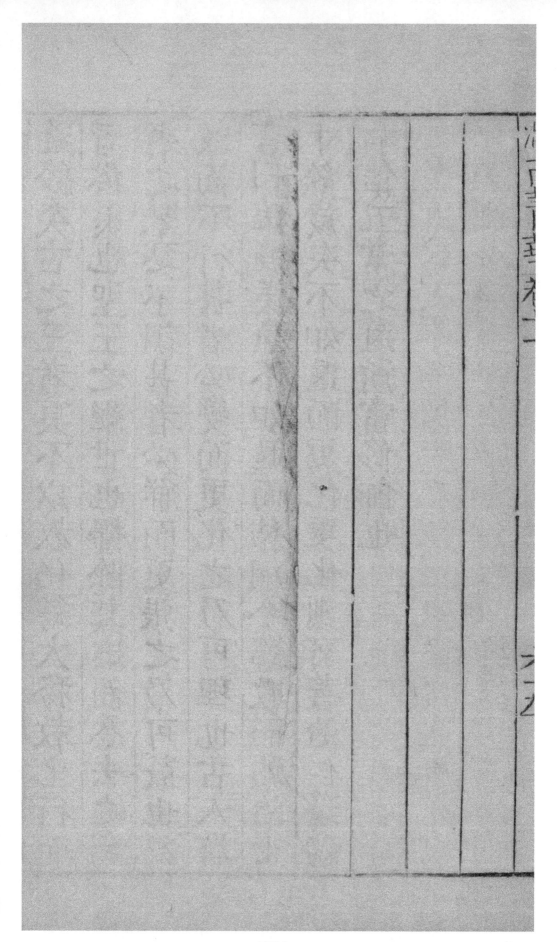

董仲舒賢良策二

畧曰臣聞堯舜以天下爲憂而未以位爲樂也故誅逐亂臣務求賢聖曾子曰尊其所聞則高明矣行其所知則光大矣高明光大不在於他在乎加之意而已陛下夙寤晨興務以求賢亦堯舜之用心也而未云獲者士不素厲也夫不素養士而欲求賢譬猶不琢玉而求文采也故養士之大者莫大乎太學太學者賢士之所關也教化之本原也臣願陛下興太學置明師以養天下之士數考問

以盡其材則美俊宜可得矣今之郡守縣令民之師帥所使承流而宣化也古所謂功者以任官稱職爲差非所謂積日累久也故小材雖絫日不離於小官賢才雖未久不害爲輔佐是以有司竭力盡知務治其業而以赴功臣愚以爲使諸列侯郡守二千石各擇其吏民之賢者歲貢各二人以給宿衛且以觀大臣之能所貢賢者有賞所貢不肖者有罰夫如是諸侯吏二千石皆盡心於求賢天下之士可得而官使也徧得天下之賢則三王之

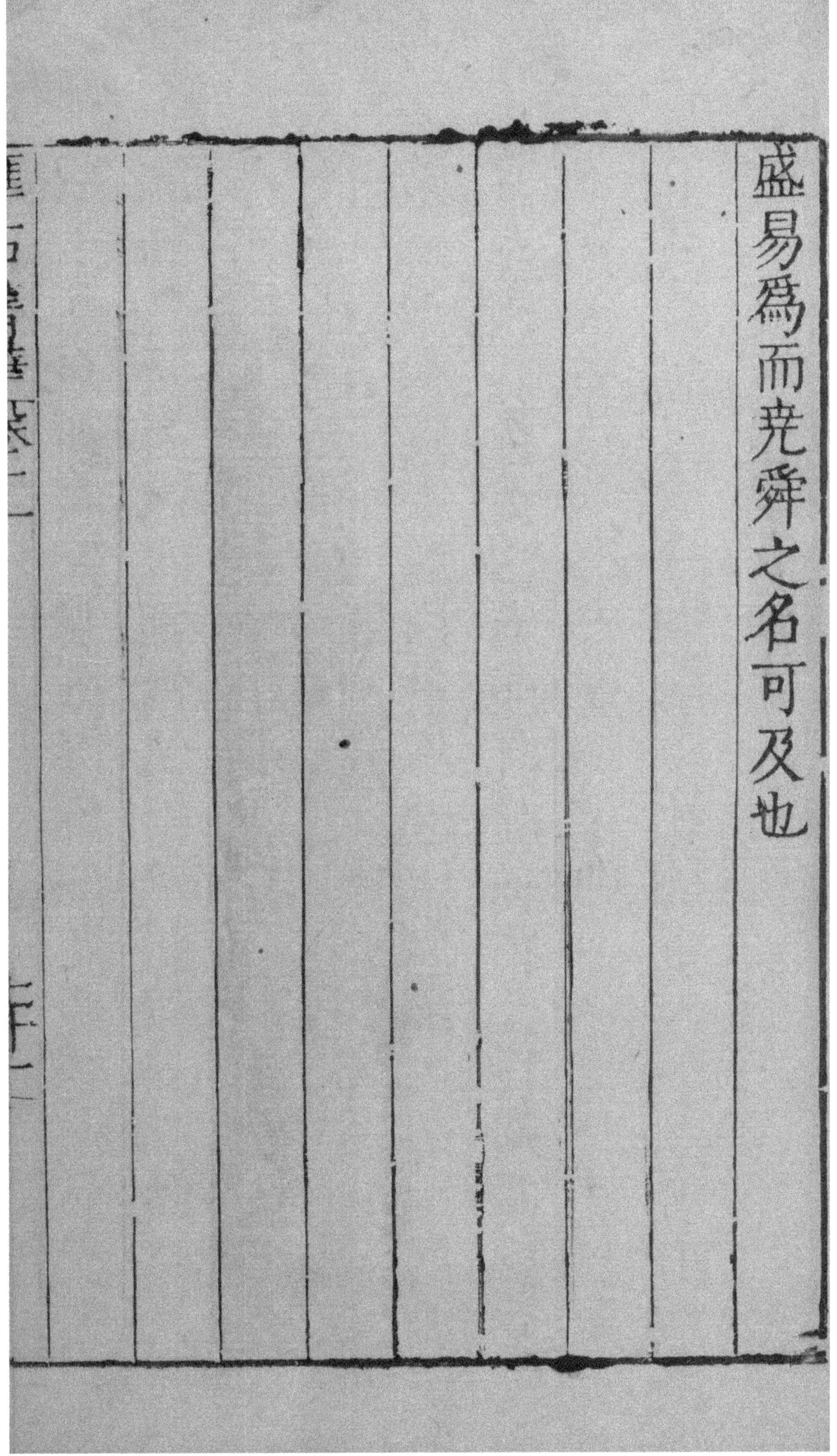

盛易爲而堯舜之名可及也

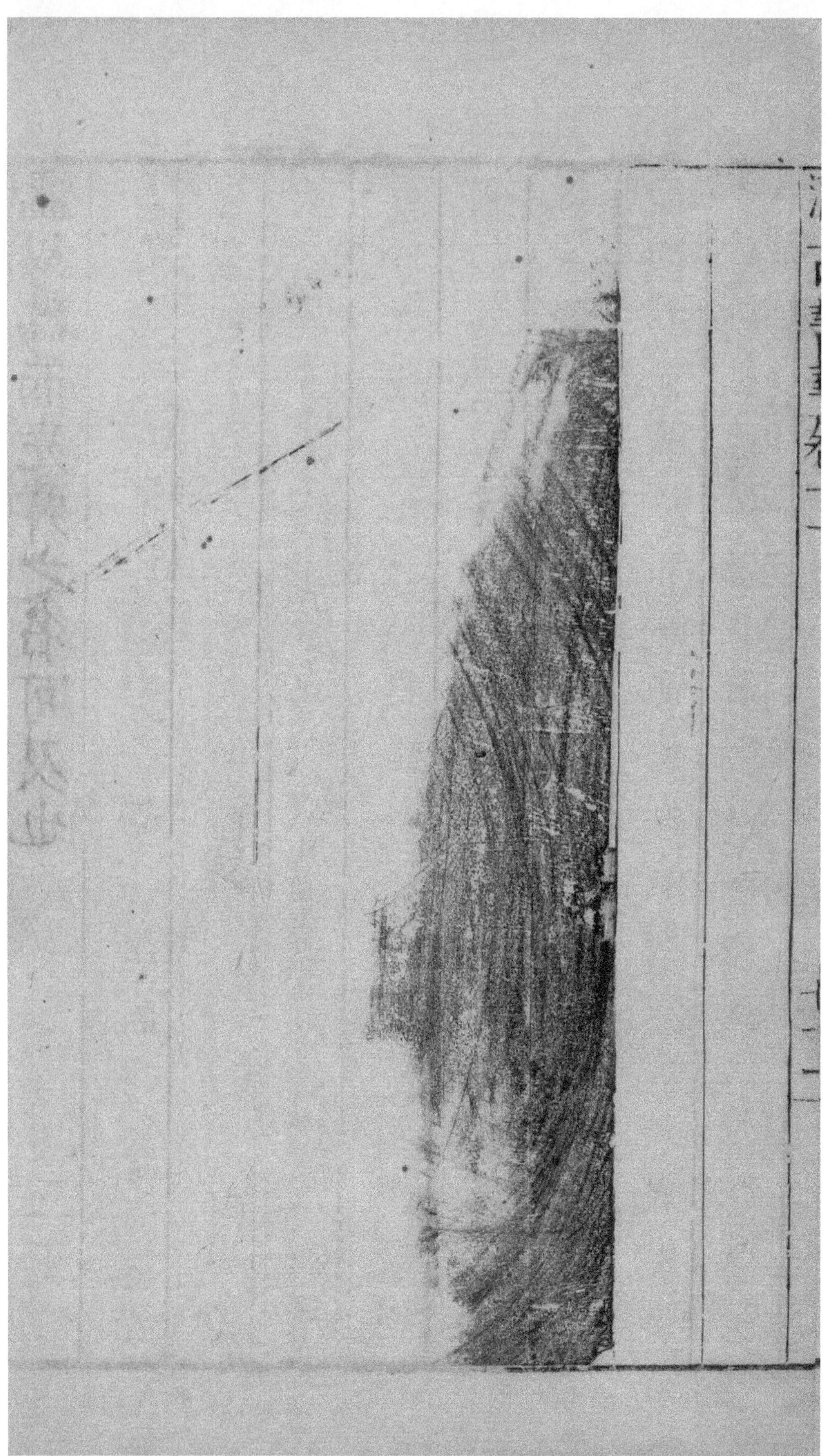

董仲舒賢良策三

臣聞論語曰有始有卒者其惟聖人乎今陛下幸加惠留聽於承學之臣復下明冊以切其意而究盡聖德非愚臣之所能具也前所上對條貫靡竟統紀不終辭不別白指不分明此臣淺陋之罪也冊曰善言天者必有徵於人善言古者必有驗於今臣聞天者群物之祖也故徧覆包函而無所殊建日月風雨以和之經陰陽寒暑以成之故聖人法天而立道亦溥愛而亡私布德施仁以厚之設

誼立禮以導之春者天之所以生也仁者君之所以愛也夏者天之所以長也德者君之所以養也霜者天之所以殺也刑者君之所以罰也繇此言之天人之徵古今之道也孔子作春秋上揆之天道下質諸人情參之於古考之於今故春秋之所譏災害之所加也春秋之所惡怪異之所施也書邦家之過兼災異之變以此見人之所爲其美惡之極乃與天地流通而往來相應此亦言天之一端也古者修教訓之官務以德善化民而已大化

之後天下常亡一人之獄矣今世廢而不修亡以化民民以故棄仁誼而死財利是以犯法而罪多一歲之獄以萬千數以此見古之不可不用也故春秋變古則譏之天令之謂命命非聖人不行質樸之謂性性非教化不成人欲之謂情情非度制不節是故王者上謹于承天意以順命也下務明教化民以成性也正法度之宜別上下之序以防欲也修此三者而大本舉矣人受命於天固超然異于群生入有父母兄弟之親出有君臣上下之

誼會聚相遇則有耆老長幼之施粲然有文以相接驩然有恩以相愛此人之所以貴也生五穀以食之桑麻以衣之六畜以養之服牛乘馬圈豹檻虎是其得天之靈貴於物也故孔子曰天地之性人爲貴明於天性知自貴於物知自貴於物然後知仁誼知仁誼然後重禮節重禮節然後安處善安處善然後樂循禮樂循禮然後謂之君子故孔子曰不知命亡以爲君子此之謂也冊曰上嘉唐虞下悼桀紂寖微寖滅寖明寖昌之道虛心以改

臣聞聚少成多積小致鉅故聖人莫不以晻音暗致明以微致顯是以堯發於諸侯舜興乎深山非一日而顯盖有漸以致之矣言出於已不可塞也行發於身不可掩也言行治之大者君子之所以動天地也故盡小者大慎微者著詩云惟此文王小心翼翼故堯兢兢日行其道而舜業業日致其孝善積而名顯德章而身尊此其寖明寖昌之道也積善在身猶長日加益而人不知也積惡在身猶火銷膏而人不見也非明乎情性察乎流俗者孰

能知之此唐虞之所以得令名而桀紂之可爲悼懼者也夫善惡之相從如景響之應形聲故桀紂暴謾讒賊並進賢知隱伏惡日顯國日亂晏然自以如日在天終陵夷而大壞夫暴逆不仁者非一日而亡也亦以漸至故桀紂雖亡道然猶享國十餘年此其寖微寖滅之道也冊曰三王之教所祖不同而皆有失或謂久而不易者道也意豈異哉臣聞夫樂而不亂復而不厭者謂之道道者萬世亡弊弊者道之失也先王之道必有偏而不起之

處故政有眊而不行舉其偏者以補其弊而已矣三王之道所祖不同非其相反將以救弊扶衰所遭之變然也故孔子曰亡爲而治者其舜乎改正朔易服色以順天命而已其餘盡循堯道何更爲哉故王者有改制之名亡變道之實然夏尚忠殷尚敬周尚文者所繼之捄當用此也孔子曰殷因於夏禮所損益可知也周因於殷禮所損益可知也其或繼周者雖百世可知也此言百王之用以此三者矣夏因於虞而獨不言所損益者其道如

一而所尚同也道之大原出于天天不變道亦不變是以禹繼舜舜繼堯三聖相授而守一道亡救弊之政故不言其所損益也繇是觀之繼治世者其道同繼亂世者其道變今漢繼大亂之後若宜少損周之文致用夏之忠者陛下有明德嘉道愍世俗之靡薄悼王道之不昭故舉賢良方正之士論誼考問將欲興仁義之休德明帝王之法制建太平之道也臣愚不肖述所聞誦所學道師之言厪能勿失耳若乃論政事之得失察天下之息耗

此大臣輔佐之職三公九卿之任非臣仲舒所能及也然而臣竊有怪者夫古之天下亦今之天下今之天下亦古之天下共是天下古亦大治上下和睦習俗美盛不令而行不禁而止吏亡姦邪民亡盜賊囹圄空虛德潤草木澤被四海鳳凰來集麒麟來游以古準今一何不相逮之遠也安所繆盭而陵夷若是意者有所失於古之道與有所詭於天之理與試迹之古返之於天黨可得見乎夫天亦有所分予予之齒者去其角傅其翼者兩其

足是所受大者不得取小也古之所予祿者不食於力不動於末是亦受大者不得取小與天同意者也夫已受大又取小天不能足而況人乎此民之所以囂囂苦不足也身寵而載高位家溫而食厚祿因乘富貴之資力以與民爭利於下民安能如之哉是故衆其奴婢多其牛羊廣其田宅博其產業畜其積委務此而亡已以迫蹵民民日削月朘寖以大窮富者奢侈羨溢貧者窮急愁苦窮急愁苦而上不救則民不樂生民不樂生尚不避死

安能避罪此刑罰之所以蕃而姦邪不可勝者也故受祿之家食祿而已不與民爭業然後利可均布而民可家足此上天之理而亦太古之道天子之所宜法以爲制大夫之所當循以爲行也故公儀子相魯之其家見織帛怒而出其妻食於舍而茹葵愠而拔其葵曰吾已食祿又奪園夫紅女利乎古之賢人君子在列位者皆如是是故下高其行而從其教民化其廉而不貪鄙及至周室之衰其卿大夫緩於誼而急於利亡推讓之風而有爭

田之訟故詩人疾而刺之曰節彼南山維石巖巖赫赫師尹民具爾瞻爾好誼則民鄉仁而俗善爾好利則民好邪而俗敗由是觀之天子大夫者下民之所視效遠方之所四面而內望也近者視而放之遠者望而效之豈可以居賢人之位而爲庶人行哉夫皇皇求財利常恐乏匱者庶人之意也皇皇求仁義常恐不能化民者士大夫之意也易曰負且乘致寇至乘車者君子之位也負擔者小人之事也此言居君子之位而爲庶人之行者其

患禍必至也若居君子之位當君子之行則舍公儀休之相魯亡可爲者矣春秋大一統者天地之常經古今之通誼也今師異道人異論百家殊方指意不同是以上亡以持一統法制數變下不知所守臣愚以爲諸不在六藝之科孔子之術者皆絕其道勿使並進邪辟之説滅息然後統紀可一而法度可明民之所從矣

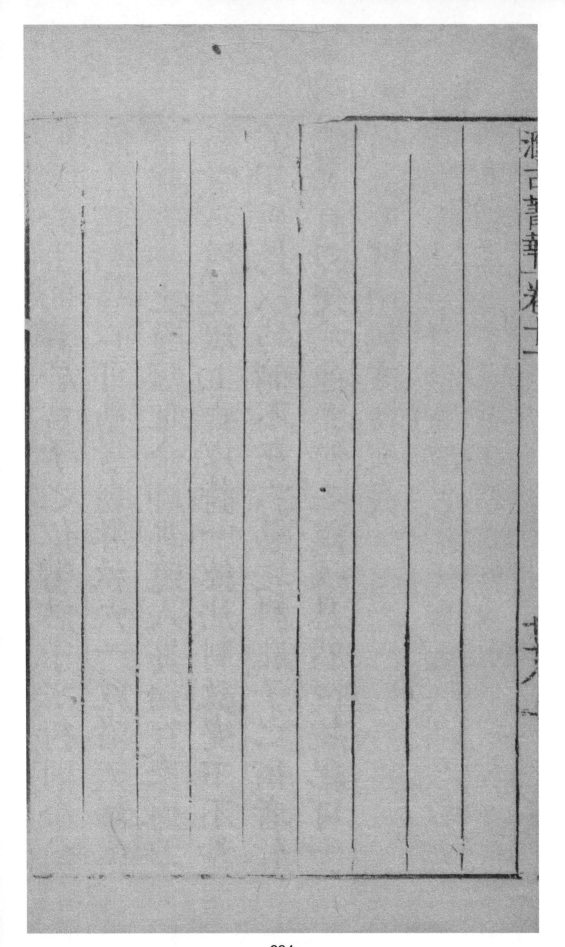

公孫弘對賢良策

蓋聞上古至治畫衣冠異章服而民不犯陰陽和五穀登六畜蕃甘露降風雨時嘉禾興朱草生山不童澤不涸麟鳳在郊藪龜龍遊於沼河洛出圖書父不喪子兄不哭弟北發渠搜南撫交趾舟車所至人迹所及跂行喙息咸得其宜朕甚嘉之今何道而臻乎此子大夫修先聖之術明君臣之義講論洽聞有聲乎當世敢問子大夫天人之道何所本始吉凶之效安所期焉禹湯水旱厥咎何由

仁義禮知四者之宜當安設施屬統垂業物鬼變化天命之符廢興何如天文地理人事之紀子大夫習焉其悉意正議詳具其對著之于篇朕將親覽焉靡有所隱

對臣聞上古堯舜之時不貴爵賞而民勸善不重刑罰而民不犯躬率以正而遇民信也末世貴爵厚賞而民不勸深刑重罰而姦不止其上不正遇民不信也夫厚賞重刑未足以勸善而禁非必信而已矣是故因能任官則分職治去無用之言則

事情得不作無用之器則賦歛省不奪民時不妨
民力則百姓富有德者進無德者退則朝廷尊有
功者上無功者下則群臣逡罰當罪則姦邪止賞
當賢則臣下勸凡此八者治民之本也故民者業
之則不爭理得則不怨有理則不暴愛之則親上
此有天下之急者也故法不遠義則民服而不離
和不遠禮則民親而不暴故法之所罰義之所去
也和之所賞禮之所取也禮義者民之所服也而
賞罰順之則民不犯禁矣故畫衣冠異章服而民

不犯者此道素行也臣聞之氣同則從聲比則應令人主和德於上百姓和合於下故心和則氣和氣和則形和形和則聲和聲和則天地之和應矣故陰陽和風雨時甘露降五穀登六畜蕃嘉禾興朱草生山不童澤不涸此和之至也故形和則無疾無疾則不夭故父不喪子兄不哭弟德配天地明並日月則麟鳳至龜龍在郊河出圖洛出書遠方之君莫不說義奉幣而來朝此和之極也臣聞之仁者愛也義者宜也禮者所履也智者術之原

也致利除害兼愛無私謂之仁明是非立可否謂之義進退有度尊卑有分謂之禮擅殺生之柄通壅塞之徒權輕重之數論得失之道使遠近情僞必見於上謂之術凡此四者治之本道之用也皆當設施不可廢也得其道則天下安樂法設而不用不得其術則主蔽於上官亂於下此事之情屬統垂業之本也臣聞堯遭洪水使禹治之未聞禹之有水也若湯之旱則桀之餘烈也桀紂行惡受天之罰禹湯積德以王天下因此觀之天德無私

親順之和起逆之害生此天文地理人事之紀臣
弘愚戇不足以奉大對

嚴安言時事書

臣聞鄒子曰政教文質者所以云救也當時則用過則舍之有易則易之故守一而不變者未覩治之至也今天下人民用財侈靡車馬衣裘宮室皆競修飾調五聲使有節族音奏雜五色使有文章重五味方丈於前以觀欲天下彼民之情見美則願之是教民以侈也侈而無節則不可贍民離本而徼末矣末不可徒得故搢紳者不憚爲詐帶劍者夸殺人以矯奪而世不知媿故姦軌浸長夫佳麗

珎怪固順於耳目故養失而泰樂失而淫禮失而采教失而僞僞采淫泰非所以範民之道也是以天下人民逐利無已犯法者衆臣願爲民制度以防其淫使貧富不相耀以和其心心既和平其性恬安恬安不營則盜賊銷盜賊銷則刑罰少刑罰少則陰陽和四時正風雨時草木暢茂五穀蕃熟六畜遂字民不夭厲和之至也臣聞周有天下其治三百餘歲成康其隆也刑措四十餘年而不用及其衰亦三百餘年故五伯更起五伯者常佐天

子興利除害誅暴禁邪匡正海内以尊天子五伯既没賢聖莫續天子孤弱號令不行諸侯恣行彊陵弱衆暴寡田常篡齊六卿分晋並爲戰國此民之始苦也於是彊國務攻弱國修守合從連衡馳車擊轂介胄生蟣蝨民無所告愬及至秦王蠶食天下幷吞戰國稱號皇帝一海内之政壞諸侯之城銷其兵鑄以爲鍾虡示不復用元元黎民得免於戰國逢明天子人人自以爲更生嚮使秦緩刑罰薄賦歛省繇役貴仁義賤權利上篤厚下智巧

變風易俗化於海內則世世必安矣秦不行是風循其故俗爲智巧權利者進篤厚忠正者退法嚴令苛讇諛者衆日聞其美意廣心逸欲威海外使蒙恬將兵以北攻强胡辟地進境戍於北河飛芻輓粟以隨其後又使尉佗屠睢將樓船之士攻越使監祿鑿渠運糧深入越地越人逃遁曠日持久粮食絶乏越人擊之秦兵大敗秦乃使尉佗將卒以戍越當是時秦禍北構於胡南挂於越宿兵於無用之地進而不得退行十餘年丁男被甲丁女

轉輸苦不聊生自經於道樹死者相望及秦皇帝崩天下大叛陳勝吳廣舉陳武臣張耳舉趙項梁舉吳田儋舉齊景駒舉郢周市舉魏韓廣舉燕窮山通谷豪士並起不可勝載也然皆非公侯之後非長官之吏無尺寸之勢起閭巷杖棘矜應時而皆動不謀而俱起不約而同會壤長地進至於伯王時教使然也秦貴爲天子富有天下滅世絕祀窮兵之禍也故周失之弱秦失之强不變之患也今招南夷朝夜郎降羌僰音百畧濊音穢州建城邑深

入匈奴燔其龍城議者美之此人臣之利非天下之長策也今中國無犬吠之警而外累於遠方之備靡敝國家非所以子民也行無窮之欲甘心快意結怨於匈奴非所以安邊也禍結而不觧兵休而復起近者愁苦遠者驚駭非所以持久也今天下鍛甲摩劔橋箭控絃轉輸運糧未見休時此天下所共憂也夫兵久而變起事煩而慮生今外郡之地或幾千里列城數十形束壤制旁脇諸侯非公室之利也上觀齊晉之所以亡者公室卑削六

卿大盛也下覽秦之所以滅者刑嚴文刻欲大無窮也今郡守之權非特六卿之重也地幾千里非特閭巷之資也甲兵器械非特棘矜之用也以逢萬世之變則不可勝諱也

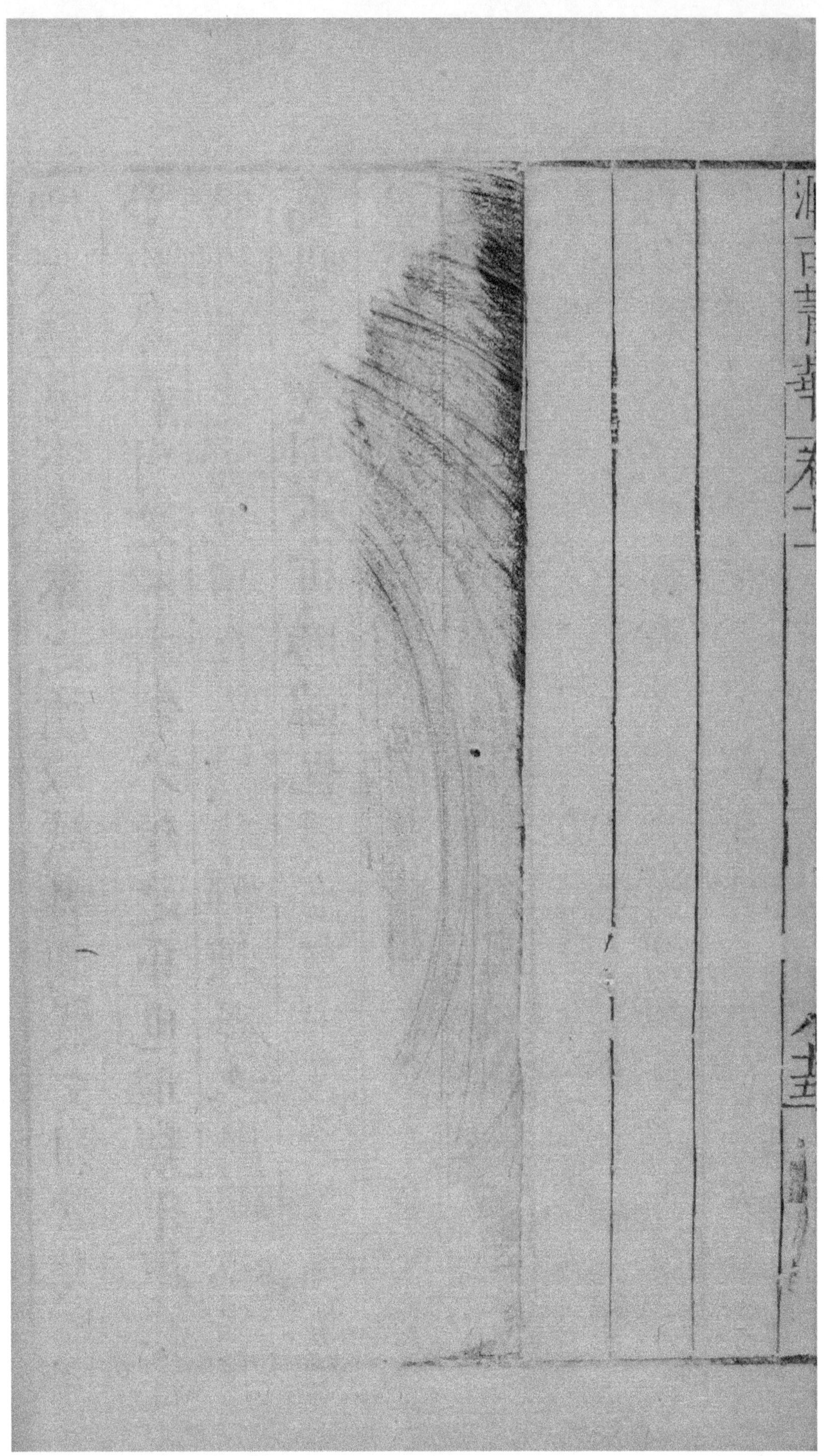

劉安精神訓

輕天下則神無累矣細萬物則心不惑矣齊死生則志不懾矣同變化則明不眩矣衆人以爲虛言吾將舉類而實之人之所以樂爲人主者以其窮耳目之欲而適躬體之便也今高臺層榭人之所麗也而堯樸桷不斲素題不枅(音慳)珍怪奇異人之所美也而堯糲粢之飯藜藿之羹文繡白狐人之所好也而堯布衣揜形鹿裘御寒養性之具不加厚而增之以任重之憂故舉天下而傳之於舜若

觧重負然非直辭讓誠無以爲也此輕天下之具也禹南省方濟於江黄龍負舟舟中之人五色無主禹乃熈笑而稱曰我受命於天竭力而勞萬民生寄也死歸也何足以滑和視龍猶蝘蜓顔色不變龍乃弭耳掉尾而逃禹之視物亦細矣鄭之神巫相壺子林見其徵告列子列子行泣報壺子壺子持以天壤名實不入幾發於踵壺子之視死生亦齊矣子求行年五十有四而病傴僂脊管高於頂腸（音意）下迫頤兩脾在上燭營指天匍匐自闚於

并曰偉哉造化者其以我爲此拘拘耶此其視變化亦同矣故覩堯之道乃知天下之輕也觀禹之志乃知天下之細也原壺子之論乃知生死之齊也見子求之行乃知變化之同也夫至人倚不拔之柱行不關之塗禀不竭之府學不死之師無往而不遂無至而不通生不足以挂心死不足以幽神屈伸俛仰抱命而婉轉禍福利害千變萬紾孰足以患心若此人者抱素守精蟬蛻蛇解游於太清輕舉獨往忽然入冥鳳凰不能與之儷而況斥

鶡乎勢位爵禄何足以槩志也晏子與崔杼盟臨死地而不易其義殖華將戰而死莒君厚賂而止之不改其行故晏子可迫以仁不可刼以兵殖華可止以義而不可縣音玄以利君子義死而不可以富貴留也義爲而不可以死亡恐也彼則直爲義耳而尚猶不拘於物又況無爲者矣尭不以有天下爲貴故授舜公子札不以有國爲尊故讓位子罕不以王爲富故不受寶務光不以生害義故自投於淵由此觀之至貴不待爵至富不待財天下

至大矣而以與他人身至親矣而棄之淵外此其餘無足利矣此之謂無累之人無累之人不以天下爲貴矣上觀至人之倫深原道德之意以下考世俗之行乃足羞也故通許由之義金縢豹韜廢矣延陵季子不受吳國而訟閒田者慙矣子罕不利寶玉而爭券契者媿矣務光不汙於世而貪利偷生者悶矣故不觀大義者不知生之不足貪也不聞大言者不知天下之不足利也今夫窮鄙之社也叩盆拊瓴相和而歌自以爲樂矣嘗試爲之

擊建鼓撞巨鍾乃性仍仍然知其盆瓴之足羞也藏詩書修學而不知至論之旨則拊盆叩瓴之徒也夫以天下爲者學之建鼓矣尊厚勢利人之所貪也使之左據天下圖而右手刎其喉愚夫不爲由此觀之生尊於天下也聖人食足以接氣衣足以蓋形適情不求餘無天下不虧其性有天下不羡其和有天下無天下一實也

劉安原道訓上

人生而靜天之性也感而後動性之害也物至而神應知之動也知與物接而好憎生焉好憎成形而知誘於外不能反已而天理滅矣故達於道者不以人易天外與物化而內不失其情至無而供其求時騁而要其宿小大修短各有其具萬物之至騰踴肴亂而不失其數是以處上而民弗重居前而衆弗害天下歸之姦邪畏之以其無爭於萬物也故莫敢與之爭夫臨江而釣曠日而不能盈

羅雖有鉤箴芒距微綸芳餌加之以詹何娟嬛之
数猶不能與網罟爭得也射者扜烏號之弓彎棊
衛之箭重之羿逄蒙子之巧以要飛鳥猶不能與
羅者競多何則以所持小也張天下以爲之籠因
江海以爲罟又何亡魚失鳥之有乎故矢不若繳
繳不若無形之像夫釋大道而任小数無以異於
使蠏捕鼠蟾蠩捕蚤不足以禁姦塞邪亂乃逾滋
昔者夏鯀作三仞之城諸侯背之海外有狡心禹
知天下之叛也乃壞城平池散財物焚甲兵施之

以德海外賓服四夷納職合諸侯於塗山執玉帛者萬國故機械之心藏於胸中則純白不粹神德不全在身者不知何遠之所能懷是故革堅則兵利城成則衝生若以湯沃沸亂廼逾甚是故鞭噬狗策蹏馬而欲教之雖伊尹造父弗能化欲害之心亡於中則饑虎可尾何况狗馬之類乎故體道者逸而不窮任數者勞而無功夫峭法刻誅者非霸王之業也箠策繁用者非致遠之術也離朱之明察箴末於百步之外不能見淵中之魚師曠之

聰合八風之調而不能聽十里之外故任一人之能不足以治三畝之宅也修道理之數因天地之自然則六合不足均也是故禹之决瀆也因水以爲師神農之播穀也因苗以爲教夫萍樹根於水木樹根於土鳥排虛而飛獸蹠實而走蛟龍水居虎豹山處天地之性也兩木相摩而然金火相守而流員者常轉窾者主浮自然之勢也是故春風至則甘雨降生育萬物羽者嫗伏毛者孕育草木榮華鳥獸卵胎莫見其爲者而功既成矣秋風下

霜到生挫傷鷹鵰轉鷙昆蟲蟄藏草木注根魚鼈湊淵莫見其為者滅而無形木處榛巢水居窟穴禽獸有芄人民有室陸處宜牛馬舟行宜多水匈奴出穢裘干越生葛絺各生所急以備燥溼各因所處以御寒暑並得其宜物便其所由此觀之萬物固以自然聖人又何事焉九疑之南陸事寡而水事衆於是民人被髮文身以像鱗蟲短綣不絝以便涉游短袂攘卷以便刺舟因之也鴈門之北狄不穀食賤長貴壯俗尚氣力人不弛弓馬不解

勒便之也故禹之裸國解衣而入衣帶而出因之也今夫徙樹者失其陰陽之性則莫不枯槁故橘樹之江北則化而爲枳鴝鵒不過濟貉渡汶而死形性不可易勢居不可移也是故達於道者反於清淨究於物者終於無爲以恬養性以漠處神則入于天門所謂天者純粹樸素質直皓白未始有與雜糅者也所謂人者偶䁟智故曲巧僞詐所以俛仰於世人而與俗交者故牛岐蹏音蹄而戴角馬被髦而全足者天也絡馬之口穿牛之鼻者人也

循天者與道游者也隨人者與俗交者也夫井魚不可與語大拘於隘也夏蟲不可與語寒篤於時也曲士不可與語至道拘於俗束於教也故聖人不以人滑天不以欲亂情不謀而當不言而信不慮而得不爲而成精通于靈府與造化者爲人夫善游者溺善騎者墮各以其所好反自爲禍是故好事者未嘗不中争利者未嘗不窮也昔共工之力觸不周之山使地東南傾與高辛争爲帝遂潛于淵宗族殘滅繼嗣絶祀越王翳逃山穴越人薰

而出之遂不得已由此觀之得在時不在爭治在道不在聖土處下不爭高故安而不危水下流不爭先故疾而不遲昔舜耕於歷山朞年而田者爭處墝埆以封壤肥饒相讓釣於河濱朞年而魚者爭處湍瀨以曲隈深潭相予當此之時口不設言手不指麾執玄德於心而化馳若神使舜無其志雖口辯而戶說之不能化一人是故不道之道莽乎大哉夫能理三苗朝羽民從裸國納肅慎未發號施令而移風易俗者其唯心行者乎法度刑罰

何足以致之也是故聖人內修其本而不外飾其末保其精神偃其智故漠然無爲而無不爲也澹然無治也而無不治也所謂無爲者不先物爲也所謂不爲者因物之所爲所謂無治者不易自然也所謂無不治者因物之相然也

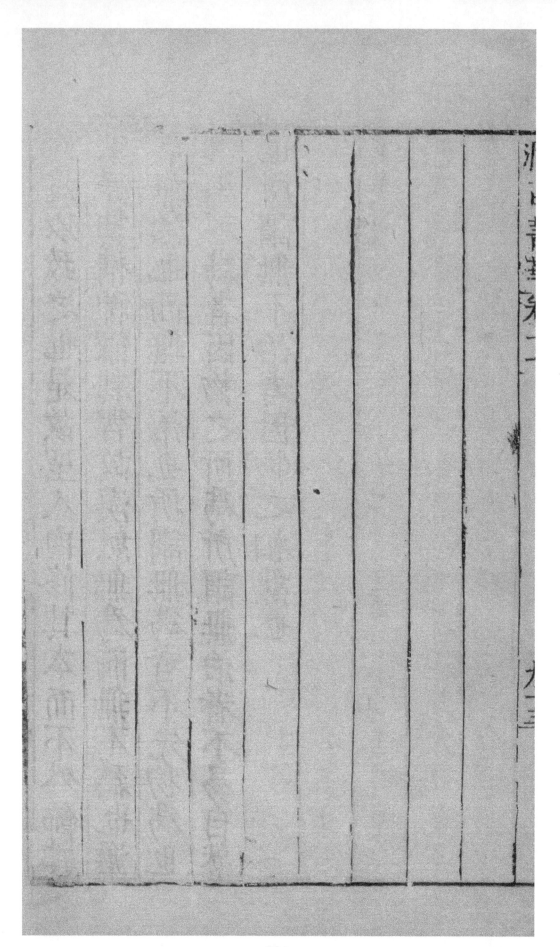

劉安齊俗訓

率性而行謂之道得其天性謂之德性失然後貴仁道失然後貴義是故仁義立而道德遷矣禮義飾則純樸散矣是非形則百姓眩矣珠玉尊則天下爭矣凡此四者衰世之道也末世之用也夫禮者所以別尊卑異貴賤義者所以合君臣父子兄弟夫妻朋友之際也今世之爲禮者恭敬而忮爲義者布施而德君臣以相非骨肉以生怨則失禮義之本也故搆而多責夫水積則生相食之魚土

積則生自穴之獸禮義飾則生僞匿之本夫吹灰而欲無眯涉水而欲無濡不可得也古者民童蒙不知東西貌不羨乎情而言不溢乎行其衣至煖而無文其兵戈銖而無刃其歌樂而無轉其哭哀而無聲鑿井而飲耕田而食無所施其美亦不求得親戚不相毀譽朋友不相怨德及至禮義之生貨財之貴而詐僞萌興非譽相紛怨德並行於是乃有曾參孝己之美而生盜跖莊蹻之邪故有大路龍旂羽蓋垂緌音委結駟連騎則必有穿窬拊楗

抽箕揄備之姦有詭文繁繡弱緆音習羅紈必有菅

音奸屩跐踦短褐不完者故高下之相傾也短修之

相形也亦明矣夫蝦蟇爲鶉水蠆爲蟌音舞莣音芒皆

生非其類唯聖人知其化夫胡人見黂音焚不知其

可以爲布也越人見毳不知其可以爲旃也故不

通於物者難與言化昔太公望周公旦受封而相

見太公望問周公曰何以治魯周公曰尊尊親親

太公曰魯從此弱矣周公問太公曰何以治齊太

公曰舉賢而上功周公曰後世必有劫殺之君其

後齊日以大至於覇二十四世而田氏代之魯日以削至三十二世而亡故易曰履霜堅氷至聖人之見終始微言故糟丘生乎象櫡炮烙生乎熱升子路拯溺而受牛謝孔子曰魯國必好救人於患子贛贖人而不受金於府孔子曰魯國不復贖人矣子路受而勸德子贛讓而止善孔子之明以小知大以近知遠通於論者也由此觀之廳有所在而不可公行也故行徐於俗可隨也事周於能易爲也矜僞以惑世伉行以違衆人不以爲民俗廣

厦濶屋連闥通房人之所安也鳥入之而憂高山險阻深林叢薄虎豹之所樂也人入之而畏川谷通原積水重泉黿鼉之所便也人入之而死咸池承雲九韶六英人之所樂也鳥獸聞之而驚深谿削岍峻木尋扳猨狖之所樂也人上之而慄形殊性詭所以爲樂者乃所以爲哀所以爲安者乃所以爲危也乃至天地之所覆載日月之所照認使各陳其性安其居處其宜爲其能故愚者有所修智者有所不足柱不可以摘齒筐不可以持屋馬

不可以服重牛不可以追速鉛不可以爲刀銅不可以爲弩鐵不可以爲舟木不可以爲釜各用之於其所適施之於其所宜卽萬物一齊而無由相過夫明鏡便於照形其於以函食不如簞犧牛粹毛宜於廟牲其於以致雨不若黒蜧音利由此觀之物無貴賤因其所貴而貴之物無不貴也因其所賤而賤之物無不賤也夫玉璞不厭厚角觽不厭薄漆不厭黒粉不厭白此四者相反也所急則均其用一也今之裘與蓑孰急見雨則裘不用升堂

則蓑不御此代爲常者也譬若舟車楯肆窮廬故有所宜也故老子曰不上賢者言不致魚於木沉鳥於淵故堯之治天下也舜爲司徒契爲司馬禹爲司空后稷爲大田師奚仲爲工其導萬民也水處者漁山處者木谷處者牧陸處者農地宜其事事宜其械械宜其用用宜其人澤皐織罔陵阪耕田得以所有易所無以所工易所拙是故離畔者寡而聽從者衆譬若播棊丸於地員者走澤方者處高各從其所安夫有何上下焉若風之遇簫忽

然感之各以清濁應矣

淮南王安諫伐閩越書

陛下臨天下布德施惠緩刑罰薄賦歛哀鰥寡恤孤獨養耆老振匱乏盛德上隆和澤下洽近者親附遠者懷德天下攝然人安其生自以沒身不見兵革今聞有司舉兵將以誅越臣安竊爲陛下重之越方外之地劗（音剪）髮文身之民也不可以冠帶之國法度理也自三代之盛胡越不與受正朔非彊弗能服威弗能制也以爲不居之地不牧之民不足以煩中國也故古者封内甸服封外侯服侯

衛賓服蠻夷要服戎狄荒服遠近勢異也自漢初定以來七十二年吳越人相攻擊者不可勝数然天子未嘗舉兵而入其地也臣聞越非有城郭邑里也處谿谷之間篁竹之中習於水鬬便於用舟地深昧而多水險中國之人不知其勢阻而入其地雖百不當其一得其地不可郡縣也攻之不可暴取也以地圖察其山川要塞相去不過寸数而間獨数百千里阻險林叢弗能盡著視之若易行之甚難天下頼宗廟之靈方內大寧戴白之老不

見兵革民得夫婦相守父子相保陛下之德也越人名爲藩臣貢酎之奉不輸大内一卒之用不給上事自相攻擊而陛下發兵救之是反以中國而勞蠻夷也且越人愚戇輕薄負約反覆其不用天子之法度非一日之積也一不奉詔舉兵誅之臣恐後兵革無時得息也間者數年歲比不登民待賣爵贅子以接衣食賴陛下德澤賑救之得毋轉死溝壑四年不登五年復蝗民生未復今發兵行數千里資衣糧入越地輿轎而隃音恕領拕音駄舟而

入水行数百千里夾以深林藂竹水道上下擊石林中多蝮蛇猛獸夏月暑時嘔泄霍亂之病相隨屬也曾未施兵接刃死傷者必衆矣前時南海王反陛下先臣使將軍間忌將兵擊之以其軍降處之上淦（音干）後復反會天暑多雨樓船卒水居擊櫂未戰而疾死者過半親老涕泣孤子謕（音啼）號破家散業迎尸千里之外裹骸骨而歸悲哀之氣數年不息長老至今以爲記曾未入其地而禍已至此矣臣聞軍旅之後必有凶年言民之各以其愁苦

之氣薄陰陽之和感天地之精而災氣為之生也陛下德配天地明象日月恩至禽獸澤及草木一人有饑寒不終其天年而死者為之悽愴於心今方内無狗吠之警而使陛下甲卒死亡暴露中原霑漬山谷邊境之民為之早閉晏開鼂不及夕臣安竊為陛下重之不習南方地形者多以越為人衆兵強能難邊城淮南全國之時多為邊吏臣竊聞之與中國異限以高山人迹所絕車道不通天地所以隔内外也其入中國必下領水領水之山

峭峻漂石破舟不可以大船載食糧下也越人欲爲變必先由餘干界中積食糧迺入伐材治船邊城守候誠謹越人有入伐材者輒收捕焚其積聚雖百越奈邊城何且越人緜力薄材不能陸戰又無車騎弓弩之用然而不可入者以保地險而中國之人不能其水土也臣聞越甲卒不下數十萬所以入之五倍迺足輓車奉饟者不在其中南方暑濕近夏癉熱暴露水居蝮蛇蠚（音綽）生疾癘多作兵未血刃而病死者什二三雖舉越國而虜之不

足以償所亡臣聞道路言閩越王弟甲弒而殺之甲以誅死其民未有所屬陛下若欲來内處之中國使重臣臨存施德垂賞以招致之此必攜幼扶老以歸聖德若陛下無所用之則繼其絕世存其亡國建其王侯以爲畜越此必委質爲藩臣世共貢職陛下以方寸之印丈二之組鎮撫方外不勞一卒不頓一戟而威德並行今以兵入其地此必震恐以有司爲欲屠滅之也必雉兎逃入山林險阻背而去之則復相群聚留而守之歷歲經年則

士卒罷勧食糧乏絶男子不得耕稼樹種婦人不得紡績織紝丁壯從軍老弱轉餉居者無食行者無糧民苦兵事亡逃者必衆隨而誅之不可勝盡盜賊必起臣聞長老言秦之時嘗使尉屠睢擊越又使監禄鑿渠通道越人逃入深山林叢不可得攻留軍屯守空地曠日持久士卒勞倦越廼出擊之秦兵大破廼發適戍以備之當此之時外内騷動百姓靡敝行者不還往者莫反皆不聊生亡逃相從群爲盜賊於是山東之難始興此老子所謂

師之所處荊棘生之者也兵者凶事一方有急四面皆從臣恐變故之生姦邪之作由此始也周易曰高宗伐鬼方三年而克之鬼方小蠻夷高宗殷之盛天子也以盛天子伐小蠻夷三年而後克言用兵之不可不重也臣聞天子之兵有征而無戰言莫敢校也如使越人蒙死徼幸以逆執事之顔行厮輿之卒有一不備而歸者雖得越王之首臣猶竊爲大漢羞之陛下以四海爲境九州爲家八藪爲囿江漢爲池生民之屬皆爲臣妾人徒之衆

足以奉千官之共租稅之收足以給乘輿之御玩

心神明秉執聖道負黼依憑玉几南面而聽斷號

令天下四海之内莫不嚮應陛下垂德惠以覆露

之使元元之民安生樂業則澤被萬世傳之子孫

施之無窮天下之安猶泰山而四維之也夷狄之

地何足以爲一日之間而煩汗馬之勞乎詩云王

猶允塞徐方既來言王道甚大而遠方懷之也臣

聞之農夫勞而君子養焉愚者言而智者擇焉臣

安幸得爲陛下守藩以身爲障蔽人臣之任也邊

境有警愛身之死而不畢其愚非忠臣也臣安竊
恐將吏之以十萬之師爲一使之任也

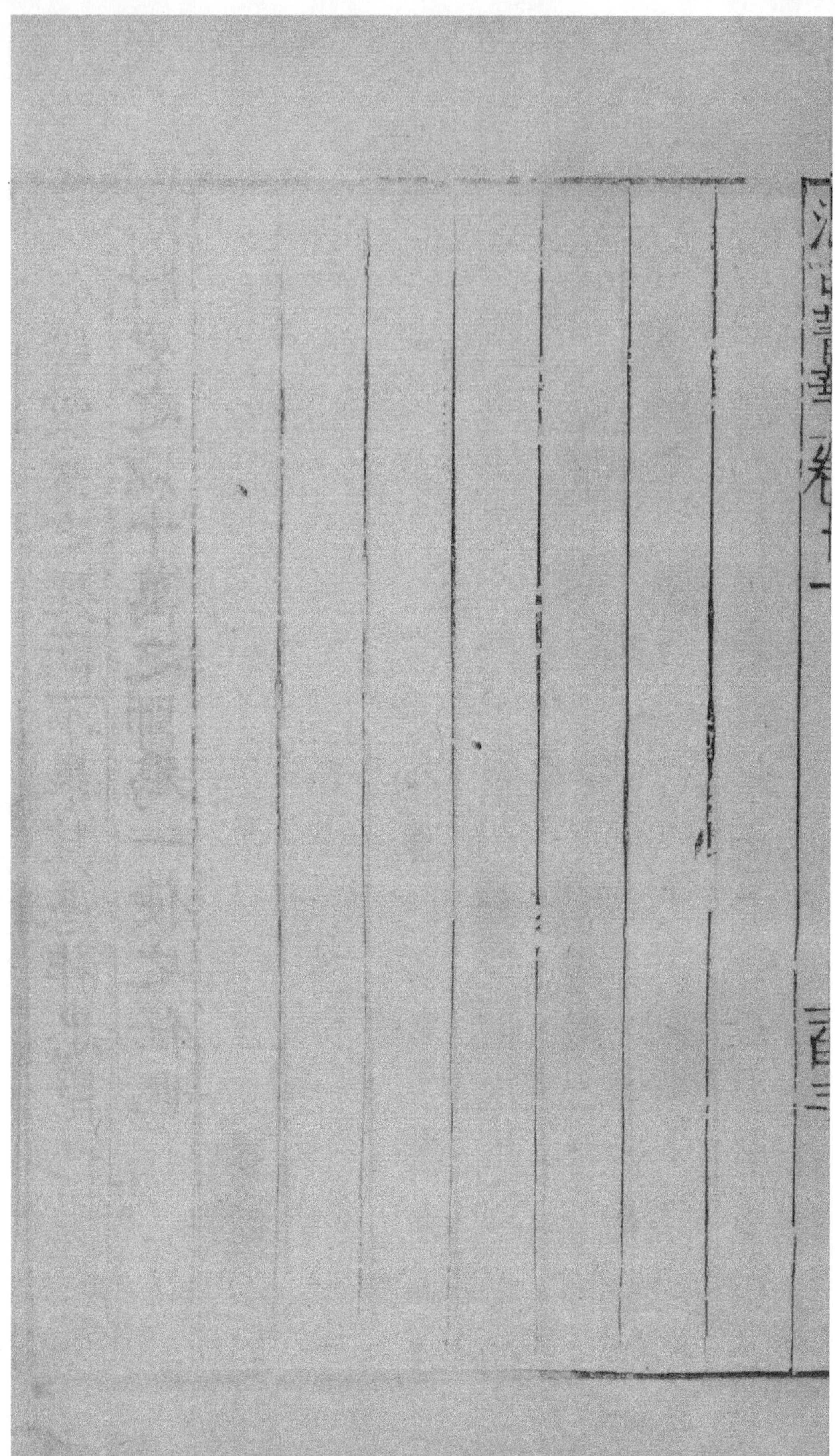

司馬相如上書諫獵

臣聞物有同類而殊能者故力稱烏獲捷言慶忌勇期賁育臣之愚竊以爲人誠有之獸亦宜然今陛下好凌阻險射猛獸卒然遇軼才之獸駭不存之地犯屬車之清塵輿不及還轅人不暇施巧雖有烏獲逢蒙之伎力不得施用枯木朽株盡爲難矣是胡越起於轂下而羌夷接軫也豈不殆哉雖萬全無患然本非天子所宜近也且夫清道而後行中路而馳猶時有銜橛之變而況乎涉豐草

騁丘墟前有利獸之樂而內無存變之意其為害
也不亦難矣夫輕萬乘之重不以為安而樂出萬
有一危之塗以為娛臣竊為陛下不取也蓋聞明
者遠見於未萌而智者避危於無形禍固多藏于
隱微而發於人所忽者也故鄙諺曰家累千金坐
不垂堂此言雖小可以喻大臣願陛下留意幸察

司馬相如諭巴蜀檄

告巴蜀太守蠻夷自擅不討之日久矣時侵犯邊境勞士大夫陛下即位存撫天下安集中國然後興師出兵北征匈奴單于怖駭交臂受事屈膝請和康居西域重譯納貢稽顙來享移師東指閩越相誅右弔番禺太子入朝南夷之君西僰音百之長常效貢職不敢惰怠延頸舉踵喁喁然皆鄉風慕義欲爲臣妾道里遼遠山川阻深不能自致夫不順者已誅而爲善者未賞故遣中郎將往賓之發

巴蜀之士各五百人以奉幣帛衛使者不然靡有兵革之事戰鬬之患今聞其乃發軍興制驚懼子弟憂患長老郡又擅爲轉粟運輸皆非陛下之意也當行者或亡逃自賊殺亦非人臣之節也夫邊郡之士聞烽舉燧燔皆攝弓而馳荷兵而走流汗相屬唯恐居後觸白刃冒流矢議不反顧計不旋踵人懷怒心如報私讐彼旣樂死惡生非編列之民而與巴蜀異主哉計深慮遠急國家之難而樂盡人臣之道也故有剖符之封析珪而爵位爲通

侯處列東第終則遺顯號於後世傳土地於子孫行事甚忠敬居位甚安逸名聲施於無窮功烈著而不滅是以賢人君子肝腦塗中原膏液潤野草而不辭也今奉幣役至南夷即自賊殺或亡逃抵誅身死無名謚爲至愚恥及父母爲天下笑人之度量相越豈不遠哉然此非獨行者之罪也父兄之教不先子弟之率不謹寡廉鮮恥而俗不長厚也其被刑戮不亦宜乎陛下患使者有司之若彼悼不肖愚民之如此故遣信使曉喻百姓以發卒

之事因數之以不忠死亡之罪讓三老孝悌以不教誨之過方今田時重煩百姓已親見近縣恐遠所谿谷山澤之民不徧聞檄到亟下縣道使咸喻陛下之意毋忽

東方朔荅客難

客難東方朔曰蘇秦張儀一當萬乘之主而身都卿相之位澤及後世今子大夫修先王之術慕聖人之義諷誦詩書百家之言不可勝記著於竹帛脣腐齒落服膺而不釋好學樂道之效明白甚矣自以智能海內無雙則可謂慱聞辯智矣然悉力盡忠以事聖帝曠日持久積数十年官不過侍郎位不過執戟意者尚有遺行邪同胞之徒無所容居其故何也東方先生喟然長息仰而應之曰是

固非子之所能備也彼一時也此一時也豈可同哉夫蘇秦張儀之時周室大壞諸侯不朝力政爭權相擒以兵幷爲十二國未有雌雄得士者彊失士者亡故得說行焉身處尊位珍寶充内外有廩倉澤及後世子孫長享今則不然聖帝流德天下震慴諸侯賓服連四海之内以爲帶安於覆盂天下平均合爲一家動發舉事猶運之掌賢與不肖何以異哉遵天之道順地之理物無不得其所故綏之則安動之則苦尊之則爲將卑之則爲虜抗

之則在青雲之上抑之則在深淵之下用之則爲虎不用則爲鼠雖欲盡節效情安知前後夫天地之大士民之衆竭精馳說並進輻凑者不可勝數悉力慕之困於衣食或失門戶使蘇秦張儀與僕並生於今之世曾不得掌故安敢望侍郎乎傳曰天下無菑雖有聖人無所施才上下和同雖有賢者無所立功故曰時異事異雖然安可以不務修身乎哉詩曰鼓鐘于宮聲聞於外鶴鳴于九皐聲聞于天苟能修身何患不榮太公體行仁義七十

有二乃設用於文武得信（音伸）厥說封於齊七百歲
而不絕此士所以日夜孳孳修學敏行而不敢怠
也譬若鶺鴒飛且鳴矣傳曰天不爲人之惡寒而
輟其冬地不爲人之惡險而輟其廣君子不爲小
人之匈匈而易其行天有常度地有常形君子有
常行君子道其常小人計其功詩云禮義之不愆
何恤人之言故曰水至清則無魚人至察則無徒
冕而前旒所以蔽明黈（音偷）纊充耳所以塞聰明有
所不見聰有所不聞舉大德赦小過無求備於一

人之義也枉而直之使自得之優而柔之使自求之揆而度之使自索之盖聖人教化如此欲其自得之自得之則敏且廣矣今世之處士時雖不用塊然無徒廓然獨居上觀許由下察接輿計同范蠡忠合子胥天下和平與義相扶寡偶少徒固其宜也子何疑於予哉若夫燕之用樂毅秦之任李斯酈食其之下齊說行如流曲從如環所欲必得功若丘山海内定國家安是遇其時者也子又何怪之邪語曰以管窺天以蠡測海以莛音挺撞鐘豈

能通其條貫考其文理發其音聲哉繇是觀之猶飀音精颮音勃之襲狗孤豚之咋音翟虎至則靡耳何功之有今以下愚而非處士雖欲勿困固不得已此適足以明其不知權變而終惑於大道也

東方朔非有先生論

非有先生仕於吴進不能稱往古以廣主意退不能揚君美以顯其功默然無言者三年矣吴王怪而問之曰寡人獲先人之功寄于衆賢之上夙興夜寐未嘗敢怠也今先生率然高舉遠集吴地將以輔治寡人誠竊嘉之體不安席食不甘味目不視靡曼之色耳不聽鍾鼓之音虚心定志欲聞流議者三年於兹矣今先生進無以輔治退不揚主譽竊爲先生不取也蓋懷能而不見臣不忠也見

而不行主不明也意者寡人殆不明乎非有先生伏而唯唯吴王曰可以談矣寡人將竦意而覽焉先生曰於戲可乎哉可乎哉談何容易夫談者有悖於目而拂於耳謬於心而便於身者或有悅於目順於耳快於心而毁於行者非有明王聖主孰能聽之矣吴王曰何爲其然也中人以上可以語上也先生試言寡人將覽焉先生對曰昔關龍逢深諫於桀而王子比干直言於紂此二臣者皆極慮盡忠閔主澤不下流而萬民騷動故直言其失

切諫其邪者將以爲君之榮除主之禍也今則不然反以爲誹謗君之行無人臣之禮果紛然傷於身蒙不辜之名戮及先人爲天下笑故曰談何容易是以輔弼之臣瓦解而邪諂之人並進遂及飛廉惡來革等二人皆詐僞巧言利口以進其身陰奉彫琢刻鏤之好以納其心務快耳目之欲以苟容爲度遂往不戒身沒被戮宗廟崩弛國家爲墟殺戮賢臣親近讒夫詩不云乎讒人罔極交亂四國此之謂也故卑身賤體說色微辭愉愉呴呴終

無益於主上之理卽志士仁人不忍爲也將儼然作矜莊之色深言直諫上以拂人主之邪下以損百姓之害則忤於邪主之心歷於衰世之法故養壽命之士莫肯進也遂居深山之間積土爲室編蓬爲戶彈琴其中以詠先王之風亦可以樂而忘死矣是以伯夷叔齊避周餓于首陽之下後世稱其仁如是邪主之行固足畏也故曰談何容易於是吳王懼然易容捐薦去几危坐而聽先生曰接輿避世箕子被髮佯狂此二子者皆避濁世以全

其身者也使遇明王聖主得賜清讌之間寬和之色發憤畢誠圖畫安危揆度得失上以安主體下以便萬民則五帝三王之道可幾而見也故伊尹蒙恥辱負鼎俎和五味以干湯太公釣於渭之陽以見文王心合意同謀無不成計無不從誠得其君也深念遠慮引義以正其身推恩以廣其下本仁祖誼褒有德祿賢能誅惡亂總遠方一統類美風俗此帝王之所由昌也上不變天性下不奪人倫則天地和洽遠方懷之故號聖王臣子之職既

加矣於是裂地定封爵為公侯傳國子孫名顯後世民到于今稱之以遇湯與文王也大公伊尹既如此龍逄比干獨如彼豈不哀哉故曰談何容易於是吳王穆然俛而深惟仰而泣下交頤曰嗟乎余國之不亡也緜緜連連殆哉世之不絕也於是正明堂之朝齊君臣之位舉賢才布德惠施仁義賞有功親節儉減後宮之費損車馬之用放鄭聲遠佞人省庖廚去侈靡卑宮館壞苑囿填池塹以與貧民無產業者開內藏振貧窮存耆老恤孤獨

薄賦歛省刑罰行此三年海内晏然天下大治陰陽和調萬物咸得其宜國無災害之變民無饑寒之色家給人足蓄積有餘囹圄空虚鳳凰來集麒麟在郊甘露既降朱草萌芽遠方異俗之人嚮風慕義各奉其職而來朝賀故治亂之道存亡之端若此易見而君人者莫肯爲也臣愚竊以爲過故詩曰王國克生惟周之楨濟濟多士文王以寧此之謂也

吾丘壽王議禁民挾弓弩對

臣聞古者作五兵非以相害以禁暴討邪也安居則以制猛獸而備非常有事則以設守衛而施行陣及至周室衰微上無明王諸侯力政彊侵弱衆暴寡海內抏音完敝巧詐並生是以知者陷愚勇者威怯苟以得勝爲務不顧義理故機變械飾所以相賊害之具不可勝數於是秦兼天下廢王道立私議滅詩書而首法令去仁恩而任刑戮墮名城殺豪傑銷甲兵折鋒刃其後民以耰鉏箠梃相撻

擊犯法滋衆盜賊不勝至於赭衣塞路群盜滿山卒以亂亡故聖王務教化而省禁防知其不足恃也今陛下昭明德建太平舉俊材興學官三公有司或由窮巷起白屋裂地而封宇内日化方外鄉風然而盜賊猶有者郡國二千石之罪非挾弓弩之過也禮曰男子生桑弧蓬矢以舉之明示有事也孔子曰吾何執執射乎大射之禮自天子降及庶人三代之道也詩云大侯既抗弓矢斯張射夫既同獻爾發功言貴中也愚聞聖王合射以明教

矣未聞弓矢之爲禁也且所爲禁者爲盜賊之必
攻奪也攻奪之罪死然而不止者大姦之於重誅
固不避也臣恐邪人挾之而吏不能止良民以自
備而抵法禁是擅賊威而奪民救也竊以爲亡益
於禁姦而廢先王之典使學者不得習行其禮大
不便

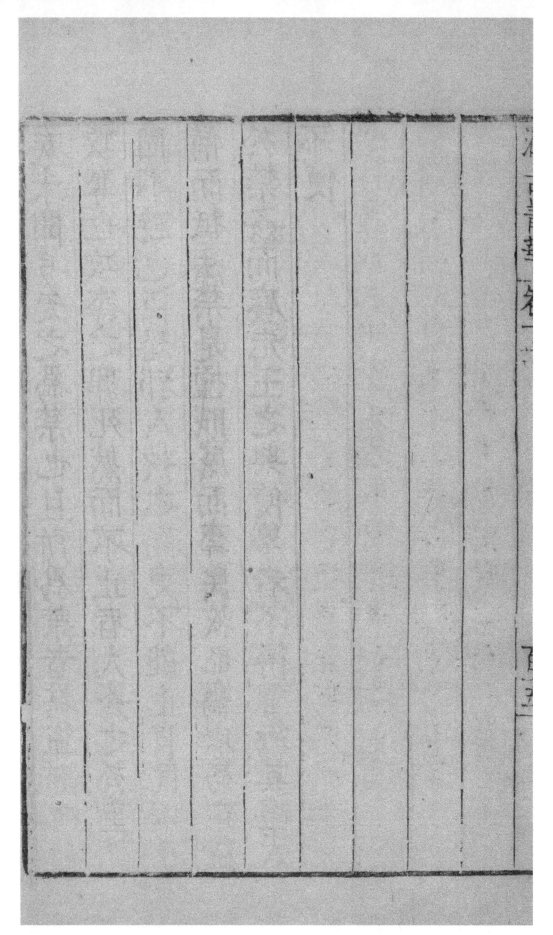

終軍白麟奇木對

臣聞詩頌君德樂舞后功異經而同指明盛德之所隆也南越竄屏葭(音加)葦與鳥魚同羣正朔不及其俗有司臨境而東甌內附閩王伏辜南粵賴救北胡隨畜薦(音荐)居禽獸行虎狠心上古未能攝大將軍秉鉞單于犇(奔字)幕驃騎抗旌昆邪右衽是澤南洽而威北暢也若罰不阿近舉不遺遠設官竢賢縣賞待功能者進以保祿罷(音疲)者退而勞力刑於宇內矣履衆美而不足懷聖明而不專建三宮

之文質章厥職之所宜封禪之君無聞焉夫天命
初定萬事草創及臻六合同風九州共貫必待明
聖潤色祖業傳於無窮故周至成王然後制定而
休徵之應見陛下盛日月之光垂聖思於勤成專
神明之敬奉燔瘞音翳於郊宮獻享之精交神積和
之氣塞明而異獸來獲宜矣昔武王中流未濟白
魚入于王舟俯取以燎羣公咸曰休哉今郊祀未
見於神祇而獲獸以饋此天之所以示饗而上通
之符合也宜因昭時令日改定告元苴白茅於江

淮發嘉號於營丘以應緝熙使著事者有紀焉蓋
六鶂音亦退飛逆也白魚登舟順也夫明闇之徵上
亂飛鳥下動淵魚各以類推今野獸幷角明同本
也衆支內附示無外也若此之應殆將有鮮編作辮
髮削左衽襲冠帶要平聲衣裳而蒙化者焉斯撫而
竢之耳

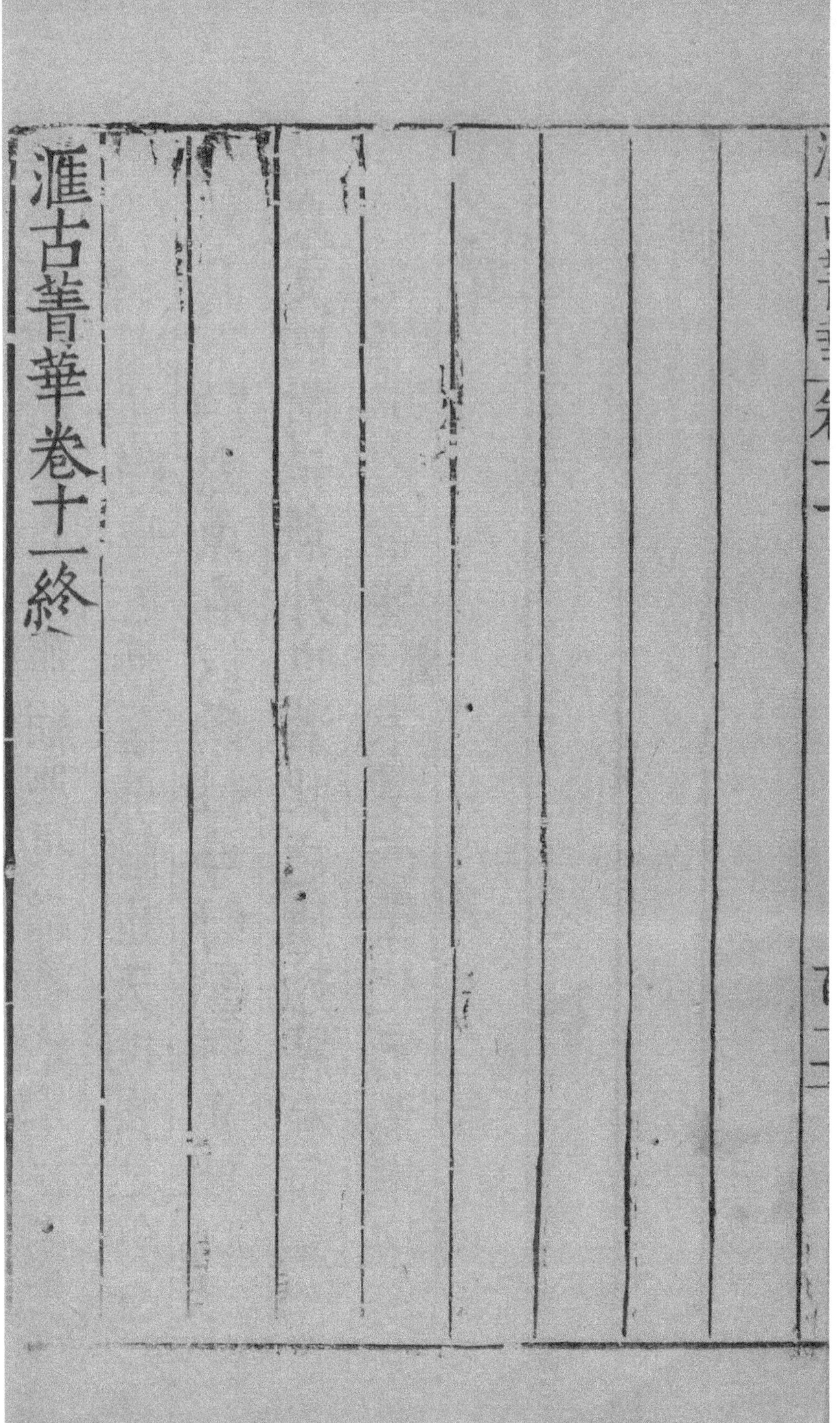

滙古菁華卷十一終

滙古菁華
十

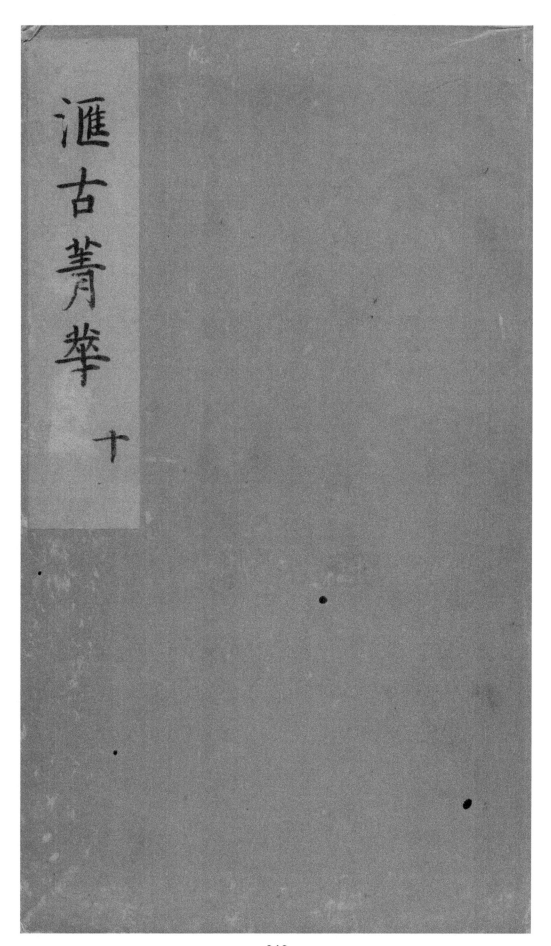

滙古菁華卷十二

前漢文下

李陵荅蘇武書

子卿足下勤宣令德策名清時榮問休暢幸甚幸甚遠託異國昔人所悲望風懷想能不依依昔者不遺遠辱還荅慰誨勤勤有踰骨肉陵雖不敏能不慨然自從初降以至今日身之窮困獨坐愁苦終日無覩但見異類韋鞲音溝毳音吹幙去声以禦風雨羶肉酪漿以充飢渴舉目言笑誰與爲歡胡地玄

氷邊土慘裂但聞悲風蕭條之聲涼秋九月塞外草衰夜不能寐側耳遠聽胡笳互動牧馬悲鳴吟嘯成羣邊聲四起晨坐聽之不覺淚下嗟乎子卿陵獨何心能不悲哉與子別後益復無聊上念老母臨年被戮妻子無辜並爲鯨鯢身負國恩爲世所悲子歸受榮我留受辱命也如何身出禮義之鄉而入無知之俗違棄君親之恩長爲蠻夷之域傷已令先君之嗣更成戎狄之族又自悲矣功大罪小不蒙明察孤負陵心區區之意每一念至忽

然忘生陵不難刺心以自明刎頸以見志顧國家於我已矣殺身無益適足增羞故每攘臂忍辱輒復苟活左右之人見陵如此以爲不入耳之歡來相勸勉異方之樂秪令人悲增忉怛耳嗟乎子卿人之相知貴相知心前書倉卒未盡所懷故復略而言之昔先帝授陵步卒五千出征絶域五將失道陵獨遇戰而裹萬里之糧帥徒步之師出天漢之外入强胡之域以五千之衆對十萬之軍策疲乏之兵當新羈之馬然猶斬將搴旗追奔逐北滅

跡埽塵斬其梟帥使三軍之士視死如歸陵也不才希當大任意謂此時功難堪矣匈奴既敗舉國興師更練精兵强踰十萬單于臨陣親自合圍客主之形既不相如步馬之勢又甚懸絕疲兵再戰一以當千然猶扶乘創痛決命爭首死傷積野餘不滿百而皆扶病不任干戈然陵振臂一呼創病皆起舉刃指虜胡馬奔走兵盡矢窮人無尺鐵猶復徒首奮呼爭爲先登當此時也天地爲陵震怒戰士爲陵飲血單于謂陵不可復得便欲引還而

賊臣教之遂便復戰故陵不免耳昔高皇帝以三
十萬衆困於平城當此之時猛将如雲謀臣如雨
然猶七日不食僅乃得免況當陵者豈易爲力哉
而執事者云云苟怨陵以不死然陵不死罪也子
卿視陵豈偷生之士而惜死之人哉寧有背君親
捐妻子而反爲利者乎然陵不死有所爲也故欲
如前書之言報恩於國主耳誠以虚死不如立節
滅名不如報德也昔范蠡不殉會稽之耻曹沫不
死三敗之辱卒復勾踐之讎報魯國之羞區區之

心竊慕此耳何圖志未立而怨已成計未從而骨肉受刑此陵所以仰天椎心而泣血也足下又云漢與功臣不薄子爲漢臣安得不云爾乎昔蕭樊囚縶韓彭葅醢鼂錯受戮周魏見辜其餘佐命立功之士賈誼亞夫之徒皆信命世之才抱将相之具而受小人之讒並受禍敗之辱卒使懷才受謗能不得展彼二子之遐舉誰不爲之痛心哉陵先将軍功略蓋天地義勇冠三軍徒失貴臣之意剄身絶域之表此功臣義士所以負戟而長嘆者也

何謂不薄哉且足下昔以單車之使適萬乘之虜遭時不遇至於伏劒不顧流離辛苦幾死朔北之野丁年奉使皓首而歸老母終堂生妻去帷此天下所希聞古今所未有也蠻貊之人尚猶嘉子之節況爲天下之主乎陵謂足下當享茅土之薦受千乘之賞聞子之歸賜不過二百萬位不過典屬國無尺土之封加子之勤而妨功害能之臣盡爲萬戶侯親戚貪佞之類悉爲廊廟宰子尚如此陵復何望哉且漢厚誅陵以不死薄賞子以守節欲

使遠聽之臣望風馳命此實難矣所以每顧而不悔者也陵雖孤恩漢亦負德昔人有言雖忠不烈視死如歸陵誠能安而主豈復能眷眷乎男兒生以不成名死則葬蠻夷中誰復能屈身稽顙還向北闕使刀筆之吏弄其文墨邪願足下勿復望陵

嗟乎子卿夫復何言相去萬里人絕路殊生爲別世之人死爲異域之鬼長與足下生死辭矣幸謝故人勉事聖君足下胤子無恙勿以爲念努力自愛時因北風復惠德音李陵頓首

蘇武報李陵書

曩以人之奉使方外至使遐夷作逆封豕造悖豺狼出爪摧辱王命身幽於無人之處跡戢於胡塞之地歃朝露以爲飲茹田鼠以爲糧窮目極望不見所識側耳還聽不聞人聲當此之時生不足甘死不足惡所以忍困强存徒念忠義雖誘僕以隆爵厚寵黄金之利不以滑其慮也迫以白刃在頸鐵鎖在喉不以動其心也何則志定於不回期誓於沒命幸賴聖明遠承拯贖得使入湯之禽復假

羽毛刖斷之足復蒙連續每念足下才爲世英器爲時出語曰夜行被繡不足爲榮況於家室孫滅棄在絕域衣則異制食味不均棄捐功名雖尚視息與亡無異向使君服節死難書功竹帛傳名千代茅土之封永在不朽不亦休哉嗟乎李卿事已去矣失之毫釐差之千里將復何言所貺重遺義當順承本爲一體今爲異俗余歸漢室子留彼國臣無境外之交故不當受垂離邈矣相見未期國別俗殊死生隔絕代馬越鳥能不依依謹奉答報

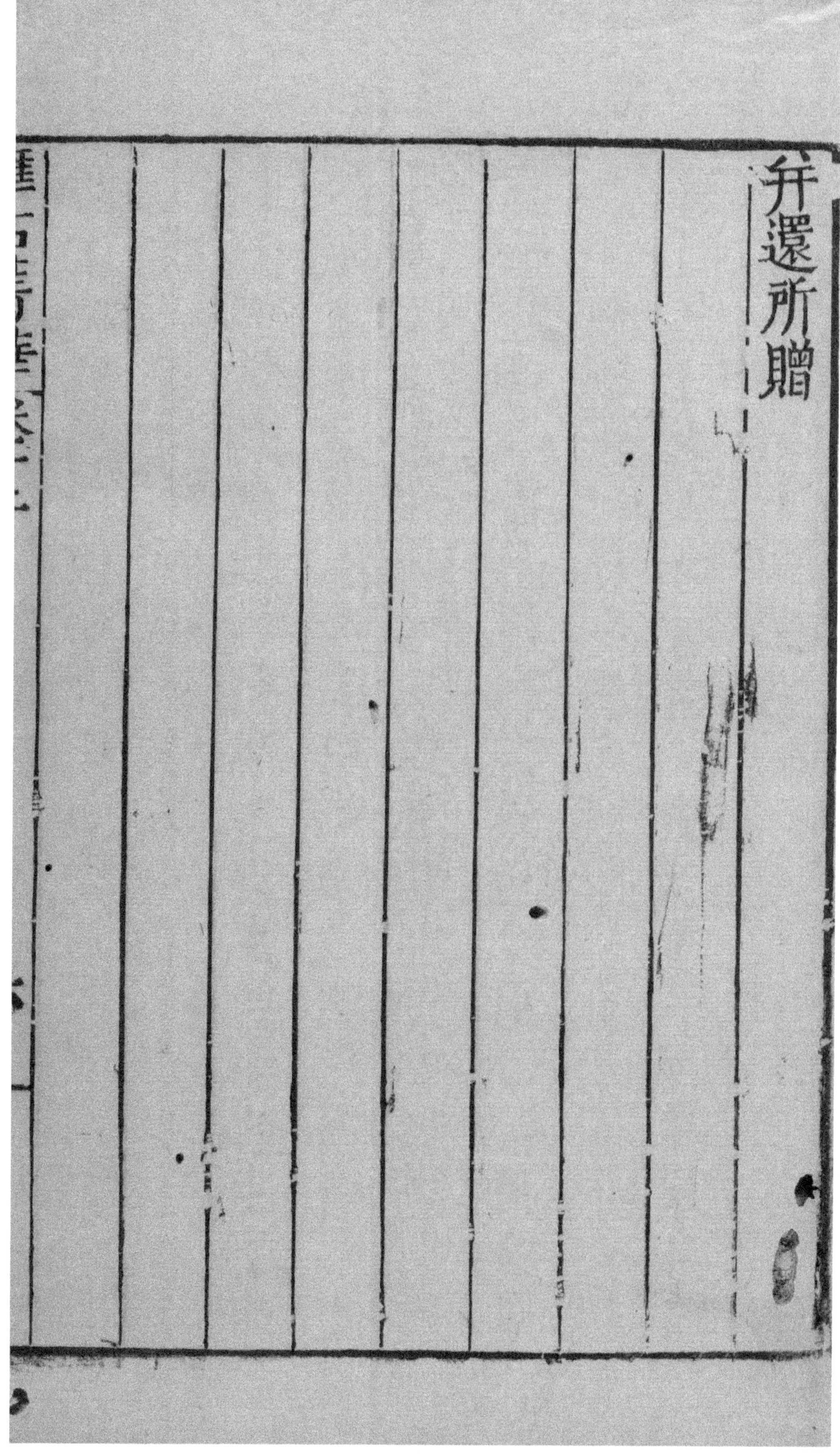

幷還所贈

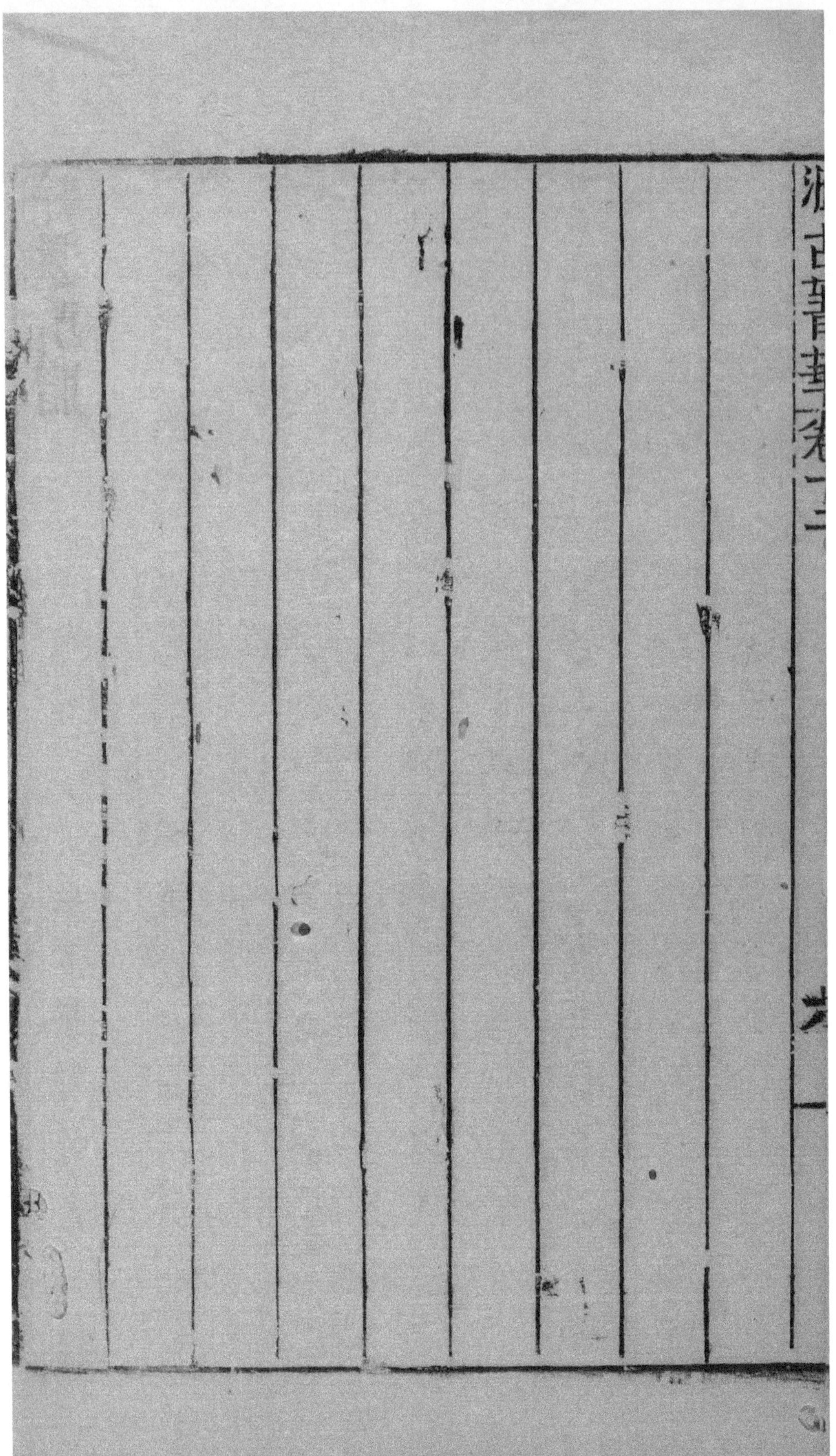

中山靖王聞樂對

臣聞悲者不可爲絫（古累字）欷思者不可爲歎息故高漸離擊筑（音竹）易水之上荆軻爲之低而不食雍門子壹微吟孟嘗君爲之於邑今臣心結日久每聞幼眇之聲不知涕泣之横集也夫衆喣漂山聚蟁成靁朋黨執虎十夫橈椎是以文王拘於羑里孔子阨於陳蔡此乃烝庶之成風增積之生害也臣身遠與寡交莫爲之先衆口鑠金積毁銷骨叢輕折軸羽翮飛肉紛驚逢羅潸然出涕臣聞白日

曬光幽隱皆照明月曜夜蟁蝱宵見然雲蒸列布杳冥晝昏塵埃抪(音鋪)覆昧不見泰山何則物有蔽之也今臣雍閼不得聞讒言之徒蠭生道遼路遠曾莫爲臣聞臣竊自悲也臣聞社鼷不灌屋鼠不熏何則所託者然也臣雖薄也得蒙肺腑位雖卑也得爲東藩屬又稱兄今羣臣非有葭(音加)莩(音敷)之親鴻毛之重羣居黨議朋友相爲使夫宗室擯卻骨肉冰釋斯伯奇所以流離比干所以橫分也詩云我心憂傷惄焉如擣假寐永嘆唯憂用老心之

憂矣疢如疾首臣之謂也

司馬遷禮書上

太史公曰洋洋美德乎宰制萬物役使羣衆豈人力也哉余至大行禮官觀三代損益乃知緣人情而制禮依人性而作儀其所由來尚矣人道經緯萬端規矩無所不貫誘進以仁義束縛以刑罰故德厚者位尊祿重者寵榮所以總一海內而整齊萬民也人體安駕乘爲之金輿錯衡以繁其飾目好五色爲之黼黻文章以表其能耳樂鍾磬爲之調諧八音以蕩其心口甘五味爲之庶羞酸鹹以

致其美情好珍善為之琢磨圭璧以通其意故大路越席皮弁布裳朱紘洞越大羹玄酒所以防其淫侈救其彫敝是以君臣朝廷尊卑貴賤之序下及黎庶車輿衣服宮室飲食嫁娶喪祭之分事有宜適物有節文仲尼曰禘自既灌而往者吾不欲觀之矣周衰禮廢樂壞大小相踰管仲之家兼備三歸循法守正者見侮於世奢溢僭差者謂之顯榮自子夏聖門之高弟也猶云出見紛華盛麗而說入聞夫子之道而樂二者心戰未能自決而況

中庸以下漸漬於失教被服於成俗乎孔子曰必也正名於衞所居不合仲尼沒後受業之徒沈湮而不舉或適齊楚或入河海豈不痛哉

司馬遷樂書

太史公曰夫上古明王舉樂者非以娛心自樂快意恣欲將欲爲治也正教者皆始於音音正而行正故音樂者所以動盪血脉通流精神而和正色也故宮動脾而和正聖商動肺而和正義角動肝而和正仁徵動心而和正禮羽動腎而和正智故樂所以內輔正心而外異貴賤也上以事宗廟下以變化黎庶也琴長八尺一寸正度也弦大者爲宮而居中央君也商張右傍其餘大小相次不失

其次序則君臣之位正矣故聞宮音使人温舒而廣大聞商音使人方正而好義聞角音使人惻隱而愛人聞徵音使人樂善而好施聞羽音使人整齊而好禮夫禮由外入樂自内出故君子不可須臾離禮須臾離禮則暴慢之行窮外不可須臾離樂須臾離樂則姦邪之行窮内故樂音者君子之所養義也夫古者天子諸侯聽鍾磬未嘗離於庭卿大夫聽琴瑟之音未嘗離於前所以養行義而防淫佚也夫淫佚生於無禮故聖王使人耳聞雅

頌之音目視威儀之禮足行恭敬之容口言仁義之道故君子終日言而邪辟無由入也

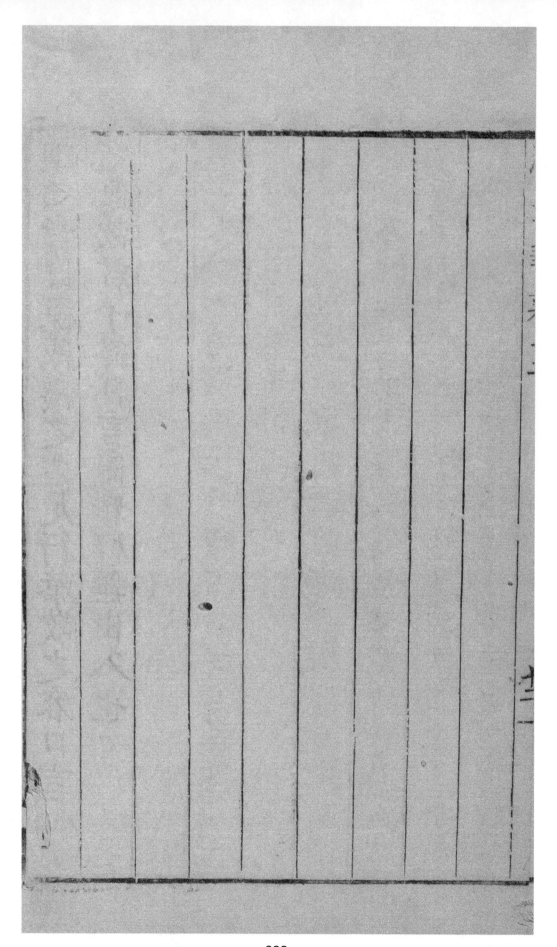

司馬遷平準書

漢興七十餘年之間國家無事非遇水旱之災民則人給家足都鄙廩庾皆滿而府庫餘貨財京師之錢累巨萬貫朽而不可校大倉之粟陳陳相因充溢露積於外至腐敗不可食衆庶街巷有馬阡陌之間成羣而乘字牝者儐而不得聚會守閭閻者食粱肉爲吏者長子孫居官者以爲姓號故人人自愛而重犯法先行義而後絀恥辱焉當此之時網疏而民富役財驕溢或至兼并豪黨之徒以

武斷於鄉曲宗室有土公卿大夫以下爭於奢侈室廬輿服僭於上無限度物盛而衰固其變也自是之後嚴助朱買臣等招來東甌事兩越江淮之間蕭然煩費矣唐蒙司馬相如開路西南夷鑿山通道千餘里以廣巴蜀巴蜀之民罷焉彭吳賈滅朝鮮置滄海之郡則燕齊之間靡然發動及王恢設謀馬邑匈奴絶和親侵擾北邊兵連而不解天下苦其勞而干戈日滋行者齎居者送中外騷擾而相奉百姓抗（音完）弊以巧法財賂衰耗而不贍入

物者補官出貨者除罪選舉陵遲廉恥相冒武力進用法嚴令具興利之臣自此始也

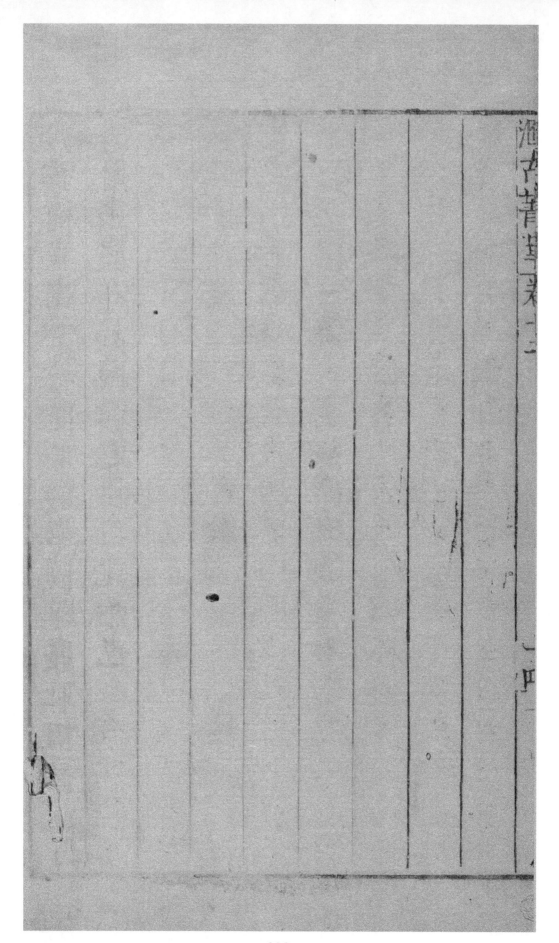

司馬遷伯夷傳

夫學者載籍極愽猶考信於六藝詩書雖缺然虞夏之文可知也堯将遜位讓於虞舜舜禹之間岳牧咸薦乃試之於位典職數十年功用既興然後授政示天下重器王者大統傳天下若斯之難也而說者曰堯讓天下於許由許由不受耻之逃隱及夏之時有卞隨務光者此何以稱焉太史公曰余登箕山其上蓋有許由冡云孔子序列古之仁聖賢人如吳太伯伯夷之論詳矣余以所聞由光

義至高其文辭不少概見何哉孔子曰伯夷叔齊不念舊惡怨是用希求仁得仁又何怨乎余悲伯夷之意睹軼詩可異焉其傳曰伯夷叔齊孤竹君之二子也父欲立叔齊及父卒叔齊讓伯夷伯夷曰父命也遂逃去叔齊亦不肯立而逃之國人立其中子於是伯夷叔齊聞西伯昌善養老盍往歸焉及至西伯卒武王載木主號爲文王東伐紂伯夷叔齊叩馬而諫曰父死不葬爰及干戈可謂孝乎以臣弑君可謂仁乎左右欲兵之太公曰此義

人也扶而去之武王已平殷亂天下宗周而伯夷叔齊恥之義不食周粟隱於首陽山采薇而食之及餓且死作歌其辭曰登彼西山兮采其薇矣以暴易暴兮不知其非矣神農虞夏忽焉沒兮我安適歸矣于嗟徂兮命之衰矣遂餓死於首陽山由此觀之怨耶非耶或曰天道無親常與善人若伯夷叔齊可謂善人者非耶積仁潔行如此而餓死且七十子之徒仲尼獨薦顏淵爲好學然回也屢空糟糠不厭而卒蚤夭天之報施善人其何如哉

盜跖日殺不辜肝人之肉暴戾恣睢聚黨數千人橫行天下竟以壽終是遵何德哉此其尤大彰明較著者也若至近世操行不軌專犯忌諱而終身逸樂富厚累世不絕或擇地而蹈之時然後出言行不由徑非公正不發憤而遇禍災者不可勝數也余甚惑焉儻所謂天道是耶非耶子曰道不同不相爲謀亦各從其志也故曰富貴如可求雖執鞭之士吾亦爲之如不可求從吾所好歲寒然後知松柏之後凋舉世混濁清士乃見豈以其重若

彼其輕若此哉君子疾沒世而名不稱焉賈子曰貪夫徇財烈士徇名夸者死權衆庶馮生同明相照同類相求雲從龍風從虎聖人作而萬物覩伯夷叔齊雖賢得夫子而名益彰顔淵雖篤學附驥尾而行益顯巖穴之士趨舍有時若此類名堙滅而不稱悲夫閭巷之人欲砥行立名者非附青雲之士惡能施於後世哉

司馬遷孟子荀卿列傳

孟軻鄒人也受業子思之門人道既通游事齊宣王宣王不能用適梁梁惠王不果所言則見以爲迂遠而闊於事情當是之時秦用商君富國彊兵楚魏用吳起戰勝弱敵齊威王宣王用孫子田忌之徒而諸侯東面朝齊天下方務於合從連衡以攻伐爲賢而孟軻乃述唐虞三代之德是以所如者不合退而與萬章之徒序詩書述仲尼之意作孟子七篇其後有騶子之屬齊有三騶子其前鄒

忌以鼓琴干威王因及國政封爲成侯而受相印先孟子其次鄒衍後孟子騶衍睹有國者益淫侈不能尚德若大雅整之於身施及黎庶矣乃深觀陰陽消息而作怪迂之變終始大聖之篇十餘萬言其語閎大不經必先驗小物推而大之至於無垠先序今以上至黃帝學者所共術大並世盛衰因載其禨（音幾）祥度制推而遠之至天地未生窈冥不可考而原也先列中國名山大川通谷禽獸水土所殖物類所珍因而推之及海外人之所不能

睹稱引天地剖判以來五德轉移治各有宜而符應若茲以爲儒者所謂中國者於天下乃八十一分居其一分耳中國名曰赤縣神州赤縣神州內自有九州禹之序九州是也不得爲州數中國外如赤縣神州者九乃所謂九州也於是有裨海環之人民禽獸莫能相通者如一區中者乃爲一州如此者九乃有大瀛海環其外天地之際焉其術皆此類也然要其歸必止乎仁義節儉君臣上下六親之施始也濫耳王公大人初見其術瞿然顧

化其後不能行之是以騶子重於齊適梁梁惠王郊迎執賓主之禮適趙平原君側行襒音別席如燕昭王擁彗音遂先驅請列弟子之座而受業築碣石宮身親往師之作主運其游諸侯見尊禮如此豈與仲尼菜色陳蔡孟軻困於齊梁同乎哉故武王以仁義伐紂而王伯夷餓不食周粟衛靈公問陳而孔子不答梁惠王謀欲攻趙孟軻稱太王去邠此豈有意阿世俗苟合而已哉持方枘音訥欲内圜鑿其能入乎或曰伊尹負鼎而勉湯以王百里奚

飾牛車下而繆公用霸作先合然後引之大道騶衍其言雖不軌儻亦有牛鼎之意乎自騶衍與齊之稷下先生如淳于髡慎到環淵接子田駢騶奭之徒各著書言治亂之事以干世主豈可勝道哉

荀卿趙人年五十始來游學於齊騶衍之術迂大而閎辯奭也文具難施淳于髡久與處時有得善言故齊人頌曰談天衍雕龍奭炙轂過髡田駢之屬皆已死齊襄王時而荀卿最爲老師齊尚修列大夫之缺而荀卿三爲祭酒焉齊人或讒荀卿荀

卿乃適楚而春申君以爲蘭陵令春申君死而荀卿廢因家蘭陵李斯嘗爲弟子已而相秦荀卿嫉濁世之政亡國亂君相屬不遂大道而營於巫祝信禨祥鄙儒小拘如莊周等又滑稽亂俗於是推儒墨道德之行事興壞序列著數萬言而卒因葬蘭陵而趙亦有公孫龍爲堅白同異之辯劇子之言魏有李悝盡地力之教楚有尸子長盧阿之吁子焉自如孟子至於吁子世多有其書故不論其傳云蓋墨翟宋之大夫善守禦爲節用或曰並孔

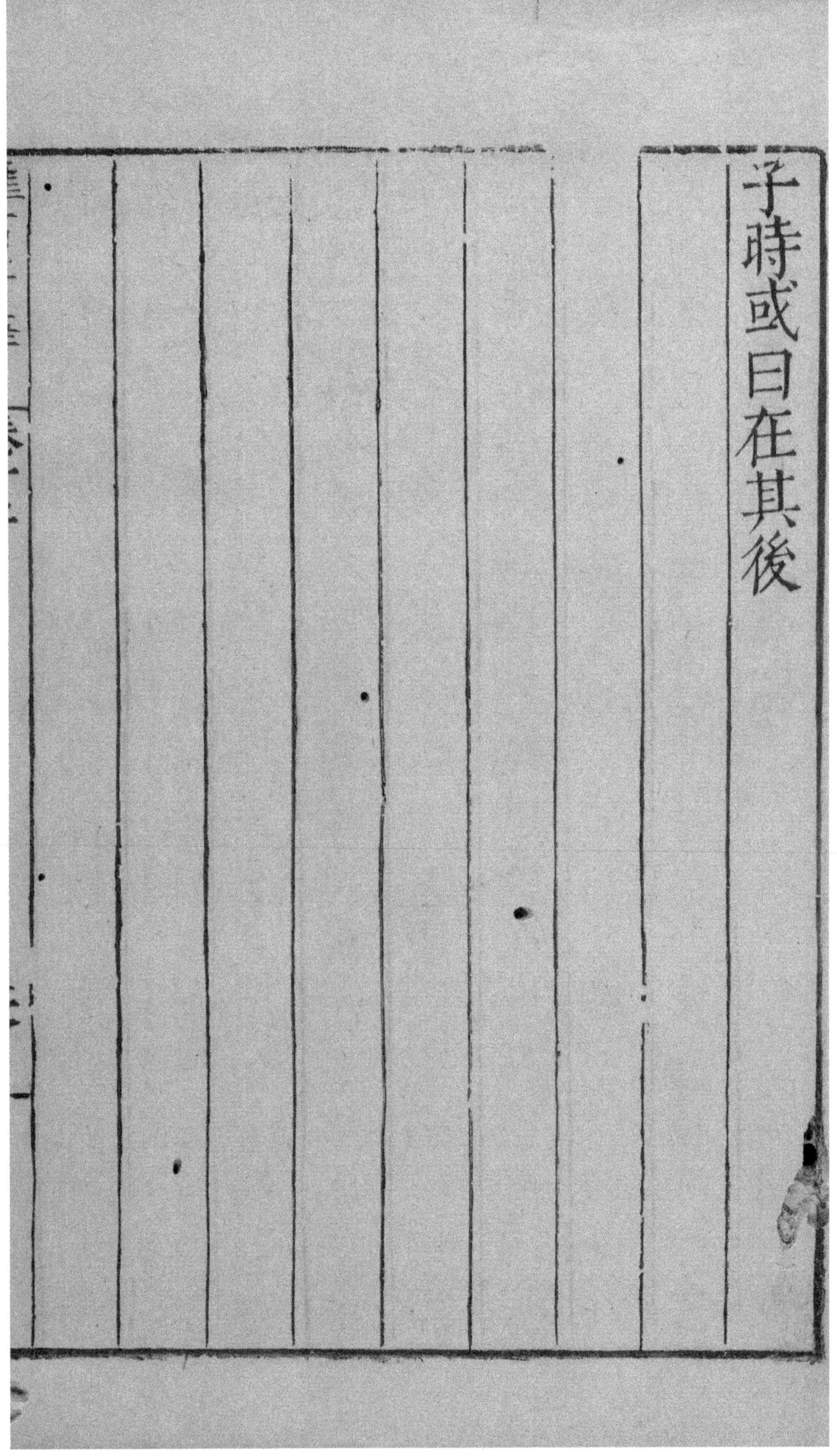

子時或曰在其後

司馬遷信陵君傳

魏有隱士曰侯嬴年七十家貧爲大梁夷門監者公子聞之往請欲厚遺之不肯受曰臣脩身潔行數十年終不以監門困故而受公子財公子於是乃置酒大會賓客坐定公子從車騎虛左自迎夷門侯生侯生攝敝衣冠直上載公子上坐不讓欲以觀公子公子執轡愈恭侯生又謂公子曰臣有客在市屠中願枉車騎過之公子引車入市侯生下見其客朱亥睥睨故久立與其客語微察公子

公子顏色愈和當是時魏將相賓客宗室滿堂待公子舉酒市人皆觀公子執轡從騎皆竊罵侯生侯生視公子顏終不變乃謝客就車至家公子引侯生坐上坐徧贊賓客賓客皆驚酒酣公子起爲壽侯生前侯生因謂公子曰今日嬴之爲公子亦足矣嬴乃夷門抱關者也而公子親枉車騎自迎嬴於衆人廣坐之中不宜有所過今公子故過之然嬴欲就公子之名故久立公子車騎市中過客以觀公子公子愈恭市人皆以嬴爲小人而以公

子爲長者能下士也於是罷酒侯生遂爲上客侯生謂公子曰臣所過屠者朱亥此子賢者世莫能知故隱屠間耳公子數往請之朱亥故不復謝公子怪之魏安釐王二十年秦昭王已破趙長平軍又進兵圍邯鄲公子姊爲趙惠文王弟平原君夫人數遺魏王及公子書請救於魏魏王使將軍晋鄙將十萬衆救趙秦王使使者告魏王曰吾攻趙旦暮且下而諸侯敢救者已拔趙必移兵先擊之魏王恐使人止晋鄙留軍壁鄴名爲救趙實持兩

端以觀望平原君使者冠蓋相屬於魏讓魏公子曰勝所以自附爲婚姻者以公子之高義爲能急人之困也今邯鄲旦暮降秦而魏救不至安在公子能急人之困也且公子縱輕勝棄之降秦獨不憐公子姊邪公子患之數請魏王及賓客辯士說王萬端魏王畏秦終不聽公子公子自度終不能得之於王計不獨生而令趙亡乃請賓客約車騎百餘乘欲以客往赴秦軍與趙俱死行過夷門見侯生具告所以欲死秦軍狀辭決而行侯生曰公

子勉之矣老臣不能從公子行數里心不快曰吾所以待侯生者備矣天下莫不聞今吾且死而侯生曾無一言半辭送我我豈有所失哉復引車還問侯生侯生笑曰臣固知公子之還也曰公子喜士名聞天下今有難無他端而欲赴秦軍譬若以肉投餒虎何功之有哉尚安事客然公子遇臣厚公子往而臣不送以是知公子恨之復返也公子再拜因問侯生乃屏人間語曰嬴聞晉鄙之兵符常在王臥內而如姬最幸出入王臥內力能竊之

嬴聞如姬父爲人所殺如姬資之三年自王以下欲求報其父仇莫能得如姬爲公子泣公子使客斬其仇頭敬進如姬如姬之欲爲公子死無所辭顧未有路耳公子誠一開口請如姬如姬必許諾則得虎符奪晉鄙軍北救趙而西却秦此五霸之伐也公子從其計請如姬如姬果盜晉鄙兵符與公子公子行侯生曰将在外主令有所不受以便國家公子卽合符而晉鄙不授公子兵而復請之事必危矣臣客屠者朱亥可與俱此人力士晉鄙

聽大善不聽可使擊之於是公子泣侯生曰公子畏死耶何泣也公子曰晉鄙嚄音獲唶音借宿將往恐不聽必當殺之是以泣耳豈畏死哉於是公子請朱亥朱亥笑曰臣乃市井鼓刀屠者而公子親數存之所以不報謝者以為小禮無所用今公子有急此乃臣效命之秋也遂與公子俱公子過謝侯生侯生曰臣宜從老不能請數公子行日以至晉鄙軍之日北鄉自剄以送公子公子遂行至鄴矯魏王令代晉鄙晉鄙合符果疑之舉手視公子曰

今吾擁十萬之衆屯於境上國之重任今單車來代之何如哉欲無聽朱亥袖四十斤鐵椎椎殺晉鄙公子遂將晉鄙軍勒兵下令軍中曰父子俱在軍中父歸兄弟俱在軍中兄歸獨子無兄弟歸養得選兵八萬人進兵擊秦軍秦軍解去遂救邯鄲存趙趙王及平原君自迎公子於界平原君負韊矢爲公子先引趙王再拜曰自古賢人未有及公子者也當此之時平原君不敢自比於人公子與侯生決至軍侯生果北鄉自剄

司馬遷屈原傳

屈原者名平楚之同姓也爲楚懷王左徒博聞彊志明於治亂嫺音閑於辭令入則與王圖議國事以出號令出則接遇賓客應對諸侯王甚任之上官大夫與之同列爭寵而心害其能懷王使屈原造爲憲令屈平屬音燭草藁未定上官大夫見而欲奪之屈平不與因讒之曰王使屈平爲令衆莫不知每一令出平伐其功曰以爲非我莫能爲也王怒而疏屈平屈平疾王聽之不聰也讒諂之蔽明也

邪曲之害公也方正之不容也故憂愁幽思而作離騷離騷者猶離憂也夫天者人之始也父母者人之本也人窮則反本故勞苦倦極未嘗不呼天也疾痛慘怛未嘗不呼父母也屈平正道直行竭忠盡智以事其君讒人間之可謂窮矣信而見疑忠而被謗能無怨乎屈平之作離騷蓋自怨生也國風好色而不淫小雅怨誹而不亂若離騷者可謂兼之矣上稱帝嚳下道齊桓中述湯武以刺世事明道德之廣崇治亂之條貫靡不畢見其文約

其辭微其志潔其行廉其稱文小而其指極大舉類邇而見義遠其志潔故其稱物芳其行廉故死而不容自疏濯淖（音鬧）汙泥之中蟬蛻於濁穢以浮游塵埃之外不獲世之滋垢皭然泥而不滓者也推此志也雖與日月爭光可也屈平既絀其後秦欲伐齊齊與楚從親惠王患之乃令張儀詐去秦厚幣委質事楚曰秦甚憎齊齊與楚從親楚誠能絶齊秦願獻商於之地六百里楚懷王貪而信張儀遂絶齊使使如秦受地張儀詐之曰儀與王約

六里不聞六百里楚使怒去歸告懷王懷王怒大興師伐秦秦發兵擊之大破楚師於丹陽斬首八萬虜楚將屈匄（音蓋）遂取楚之漢中地懷王乃悉發國中兵以深入擊秦戰於藍田魏聞之襲楚至鄧楚兵懼自秦歸而齊竟怒不救楚楚大困明年秦割漢中地與楚以和楚王曰不願得地願得張儀而甘心焉張儀聞乃曰以一儀而當漢中地臣請往如楚如楚又因厚幣用事者臣靳尚而設詭辯於懷王之寵姬鄭袖懷王竟聽鄭袖復釋去張儀

是時屈平既疏不復在位使於齊顧反諫懷王曰何不殺張儀懷王悔追張儀不及其後諸侯共擊楚大破之殺其將唐昧時秦昭王與楚婚欲與懷王會懷王欲行屈平曰秦虎狼之國不可信不如無行懷王稚子子蘭勸王行柰何絕秦歡懷王卒行入武關秦伏兵絕其後因留懷王以求割地懷王怒不聽亡走趙趙不內復之秦竟死於秦而歸葬長子頃襄王立以其弟子蘭爲令尹楚人既咎子蘭以勸懷王入秦而不反也屈平既嫉之雖放

流睠顧楚國繫心懷王不忘欲反冀幸君之一悟俗之一改也其存心興國而欲反覆之一篇之中三致意焉然終無可柰何故不可以反卒以此見懷王之終不悟也人君無愚知賢不肖莫不欲求忠以自爲舉賢以自佐然亡國破家相隨屬而聖君治國累世而不見者其所謂忠者不忠所謂賢者不賢也懷王以不知忠臣之分故內惑於鄭袖外欺於張儀疏屈平而信上官大夫令尹子蘭兵挫地削亡其六郡身客死於秦爲天下笑此不知

人之禍也易曰井渫不食爲我心惻可以汲王明並受其福王之不明豈足福哉令尹子蘭聞之大怒卒使上官大夫短屈原於頃襄王頃襄王怒而遷之屈原至於江濱被髪行吟澤畔顔色憔悴形容枯槁漁父見而問之曰子非三閭大夫歟何故而至此屈原曰舉世皆濁而我獨清衆人皆醉而我獨醒是以見放漁父曰夫聖人者不凝滯於物而能與世推移舉世混濁何不隨其流而揚其波衆人皆醉何不餔其糟而啜其醨何故懷瑾握瑜

而自令見放爲屈原曰吾聞之新沐者必彈冠新浴者必振衣人又誰能以身之察察受物之汶汶者乎寧赴常流而葬乎江魚腹中耳又安能以皓皓之白而蒙世之温蠖音岳乎乃作懷沙之賦於是懷石遂自投汨羅以死

司馬遷張耳陳餘傳

趙王間出爲燕軍所得燕將囚之欲與分趙地半乃歸王使者往燕燕輒殺之以求地張耳陳餘患之有廝養卒謝其舍中曰吾爲公說燕與趙王載歸舍中皆笑曰使者往十餘輩輒死若何以能得王乃走燕壁燕將見之問燕將曰知臣何欲燕將曰若欲得趙王耳曰君知張耳陳餘何如人也燕將曰賢人也曰知其志何欲曰欲得其王耳趙養卒乃笑曰君未知此兩人所欲也夫武臣張耳陳餘

杖馬箠下趙數十城此亦各欲南面而王豈欲爲卿相終已耶夫臣與主豈可同日而道哉顧其勢初定未敢參分而王且以少長先立武臣爲王以持趙心今趙地已服此兩人亦欲分趙而王時未可耳今君乃囚趙王此兩人名爲求趙王實欲燕殺之此兩人分趙自立夫以一趙尚易燕況以兩賢王左提右挈而責殺王之罪滅燕易矣燕將以爲然乃歸趙王養卒爲御而歸

司馬遷季布欒布贊

太史公曰以項羽之氣而季布以勇顯於楚身屨典軍搴旗者數矣可謂壯士然被刑戮爲人奴而不死何其下也彼必自負其材故受辱而不羞欲有所用其未足也故終爲漢名將賢者誠重其死夫婢妾賤人感慨而自殺者非能勇也其計畫無復之耳欒布哭彭越趣湯如歸者彼誠知所處不自重其死雖往古烈士何以加哉

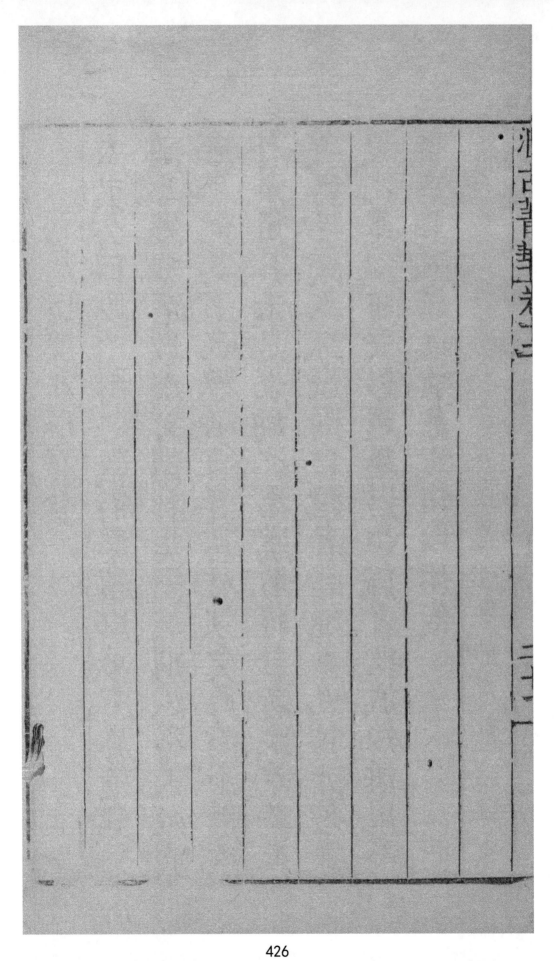

司馬遷韓長孺列傳

梁孝王景帝母弟竇太后愛之令得自請置相二千石出入游戲僭於天子天子聞之心弗善也太后知帝不善乃怒梁使者弗見案責王所爲韓安國爲梁使見大長公主而泣曰何梁王爲人子之孝爲人臣之忠而太后曾弗省也夫前日吳楚齊趙七國反時自關以東皆合從西鄉惟梁最親爲艱難梁王念太后帝在中而諸侯擾亂一言泣數行下跪送臣等六人將兵擊卻吳楚吳楚以故兵

不敢西而卒破亡梁王之力也今太后以小節苛禮責望梁王梁王父兄皆帝王所見者大故出稱蹕入言警車旗皆帝所賜也即欲以侘（音姹）鄙縣驅馳國中以夸諸侯令天下盡知太后帝愛之也今梁使來輒案責之梁王恐日夜涕泣思慕不知所爲何梁王之爲子孝爲臣忠而太后弗恤也大長公主具以告太后太后喜曰爲言之帝言之帝心乃解而免冠謝太后太后曰兄弟不能相教乃爲太后遺憂悉見梁使厚賜之其後梁王益親驩太后長

公主更賜安國可值千餘金

公孫詭羊勝說孝王求爲帝太子及益地事恐漢大臣不聽乃陰使人刺漢用事謀臣及殺故吳相袁盎景帝遂聞詭勝等計畫乃遣使捕詭勝必得漢使十輩至梁相以下舉國大索月餘不得内史安國聞詭勝匿孝王所安國入見王而泣曰主辱臣死大王無良臣故事紛紛至此今詭勝不得請辭賜死王曰何至此安國泣數行下曰大王自度於皇帝孰與太上皇之與高皇帝及皇帝之與臨

江王親孝王曰弗如也安國曰夫太上臨江親父子之閒然而高帝曰提三尺劒取天下者朕也故太上皇終不得制事居于櫟陽臨江王適長太子也以一言過廢王臨江用宮垣事卒自殺中尉府何者治天下終不以私亂公語曰雖有親父安知其不爲虎雖有親兄安知其不爲狼今大王列在諸侯悅一邪臣浮說犯上禁撓明法天子以太后故不忍致法於王太后日夜涕泣幸大王自改而大王終不覺寤有如太后宮車卽晏駕大王尚誰

攀乎語未卒孝王泣數行下謝安國曰吾今出詭勝詭勝自殺漢使還報梁事皆得釋安國之力也

於是景帝太后益重安國

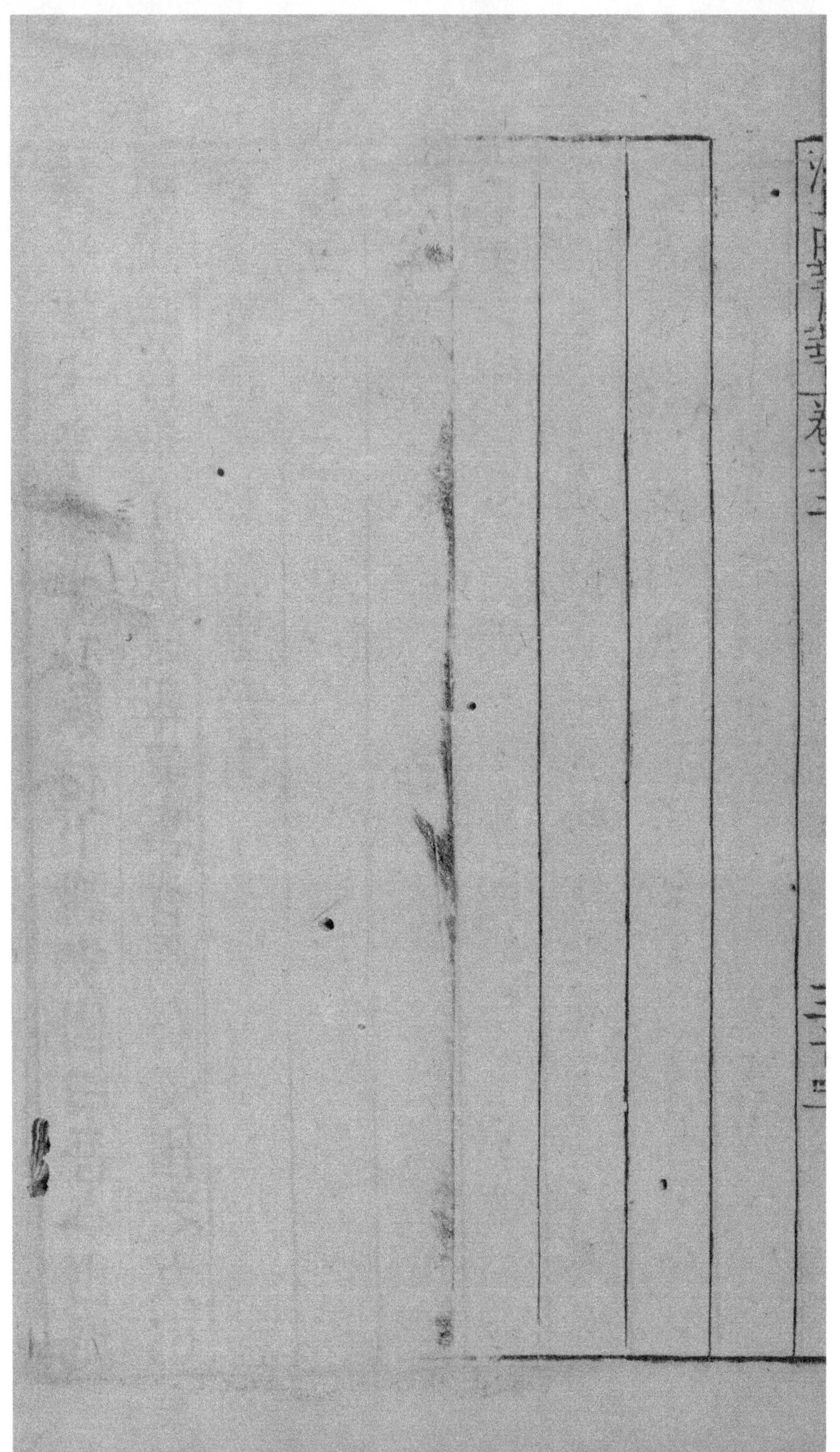

司馬遷游俠傳敘

韓子曰儒以文亂法而俠以武犯禁二者皆譏而學士多稱於世云至如以術取宰相卿大夫輔翼其世主功名俱著於春秋固無可言者及若季次原憲閭巷人也讀書懷獨行君子之德義不苟合當世當世亦笑之故季次原憲終身空室蓬戶褐衣疏食不厭死而已四百餘年而弟子志之不倦今游俠其行雖不軌於正義然其言必信其行必果已諾必誠不愛其軀赴士之阨困既已存亡死

生矣而不矜其能羞伐其德蓋亦有足多者焉且緩急人之所時有也太史公曰昔者虞舜窘於井廩伊尹負於鼎俎傅說匿於傅岩呂尚困於棘津夷吾桎梏百里飯牛仲尼畏匡菜色陳蔡此皆學士所謂有道仁人也然猶遭此菑況以中材而涉亂世之末流乎其遇害何可勝道哉鄙人有言曰何知仁義已饗其利者為有德故伯夷醜周餓死首陽山而文武不以其故貶王跖音隻蹻音脚暴戾其徒誦義無窮由此觀之竊鉤者誅竊國者侯侯之

門仁義存非虛言也今拘學或抱咫尺之義久孤於世豈若卑論儕俗與世沉浮而取榮名哉而布衣之徒設取予然諾千里誦義爲死而不顧世此亦有所長非苟而已也故士窮窘而得委命此豈非人之所謂賢豪閒者邪誠使鄉曲之俠予季次原憲比權量力效功於當世不同日而論矣要以功見言信俠客之義又曷可少哉古布衣之俠靡得而聞已近世延陵孟嘗春申平原信陵之徒皆因王者親屬藉於有土卿相之富厚招天下賢者

顯名諸侯不可謂不賢者矣此如順風而呼聲非加疾其勢激也至如閭巷之俠脩行砥名聲施於天下莫不稱賢是爲難耳然儒墨皆排擯不載自秦以前匹夫之俠湮滅不見余甚恨之以余所聞漢興有朱家田仲王公劇孟郭解之徒雖時扞當世之文罔然其私義廉潔退讓有足稱者名不虛立士不虛附至如朋黨宗彊比周設財役貧豪暴侵凌孤弱恣欲自快游俠亦醜之余悲世俗不察其意而猥以朱家郭解等令與暴亂之徒同類而

共笑之也

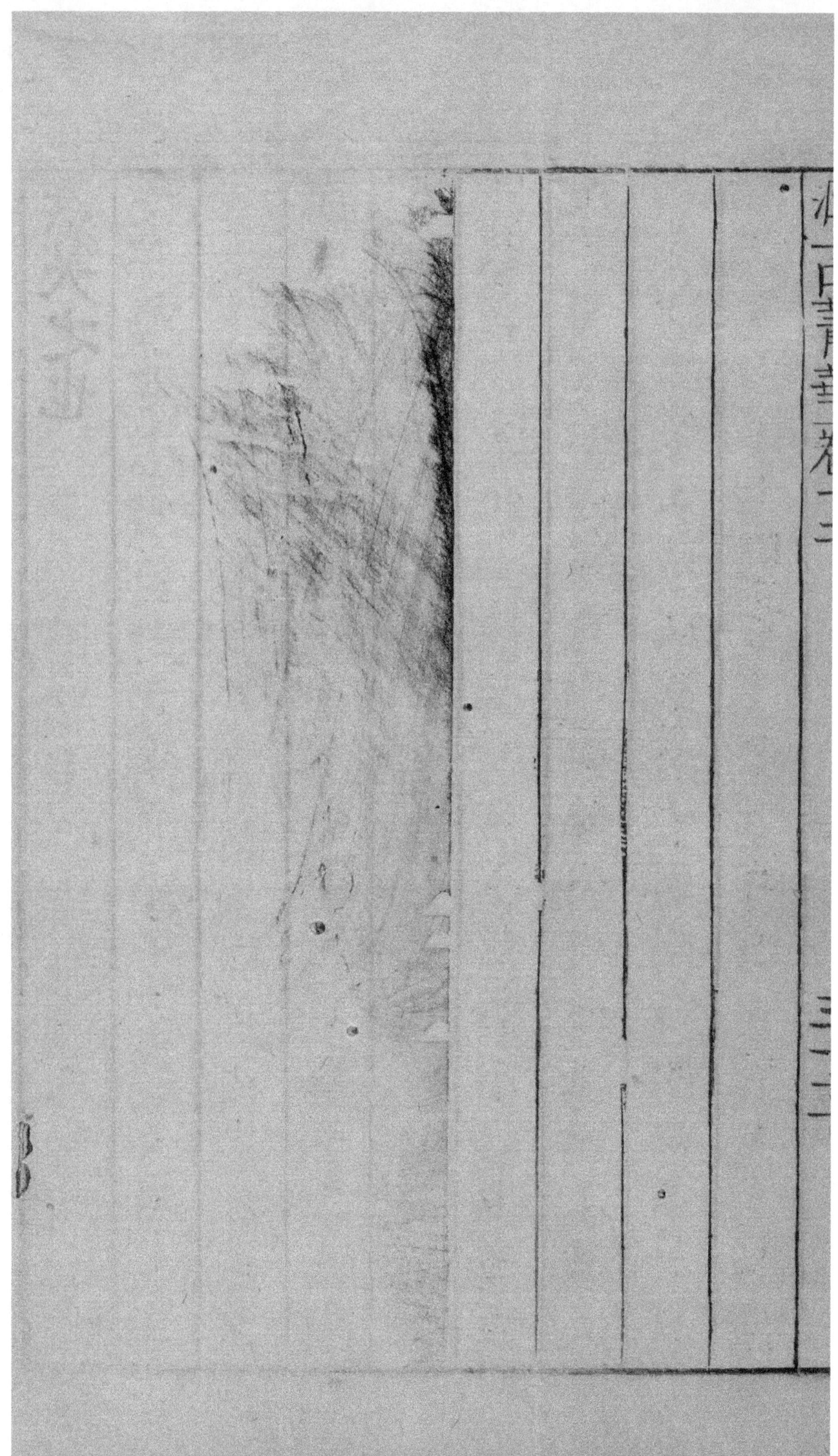

司馬遷貨殖傳敘

老子曰至治之極隣國相望雞狗之聲相聞民各甘其食美其服安其俗樂其業至老死不相往來必用此爲務輓近世塗民耳目則幾無行矣太史公曰夫神農以前吾不知已至若詩書所述虞夏以來耳目欲極聲色之好口欲窮芻豢之味身安逸樂而心誇矜勢能之榮使俗之漸民久矣雖戶說以眇論終不能化故善者因之其次利道之其次教誨之其次整齊之最下者與之爭夫山西饒

材竹穀纑旄玉石山東多魚鹽漆絲聲色江南出柟梓薑桂金錫連丹砂犀瑇瑁珠璣齒革龍門碣石北多馬牛羊旃裘筋角銅鐵則千里往往山出棊置此其大較也皆中國人民所喜好謠俗被服飲食奉生送死之具也故待農而食之虞而出之工而成之商而通之此寧有政教發徵期會哉人各任其能竭其力以得所欲故物賤之徵貴貴之徵賤各勸其業樂其事若水之趨下日夜無休時不召而自來不求而民出之豈非道之所符而自

然之驗耶周書曰農不出則乏其食工不出則乏其事商不出則三寶絶虞不出則財匱少財匱少而山澤不辟矣此四者民所衣食之原也原大則饒原小則鮮上則富國下則富家貧富之道莫之奪予而巧者有餘拙者不足故太公望封於營丘地瀉鹵人民寡於是太公勸其女工極技巧通魚鹽則人物歸之繈至而輻輳故齊冠帶衣履天下海岱之閒斂袂而往朝焉其後齊中衰管子脩之設輕重九府則桓公以霸九合諸侯一匡天下而

管氏亦有三歸位在陪臣富於列國之君是以齊富疆至於威宣也故曰倉廩實而知禮節衣食足而知榮辱禮生於有而廢於無故君子富好行其德小人富以適其力淵深而魚生之山深而獸往之人富而仁義附焉富者得埶益彰失埶則客無所之以而不樂夷狄益甚諺曰千金之子不死於市此非空言也故曰天下熙熙皆爲利來天下壤壤皆爲利往夫千乘之王萬家之侯百室之君尚猶患貧而況匹夫編戶之民乎

司馬遷太史公自敘

太史公曰先人有言自周公卒五百歲而有孔子孔子卒後至於今五百歲有能紹明世正易傳繼春秋本詩書禮樂之際意在斯乎意在斯乎小子何敢讓焉上大夫壺遂曰昔孔子何爲而作春秋哉太史公曰余聞董生曰周道衰廢孔子爲魯司寇諸侯害之大夫壅之孔子知言之不用道之不行也是非二百四十二年之中以爲天下儀表貶天子退諸侯討大夫以達王事而已矣子曰我欲

載之空言不如見之於行事之深切著明也夫春秋上明三王之道下辨人事之紀别嫌疑明是非定猶豫善善惡惡賢賢賤不肖存亡國繼絶世補敝起廢王道之大者也易著天地陰陽四時五行故長於變禮經紀人倫故長於行書記先王之事故長於政詩記山川谿谷禽獸草木牝牡雌雄故長於風樂樂所以立故長於和春秋辨是非故長於治人是故禮以節人樂以發和書以道事詩以達意易以道化春秋以道義撥亂世反之正莫近

於春秋春秋文成數萬其指數千萬物之散聚皆在春秋春秋之中弑君三十六亡國五十二諸侯奔走不得保其社稷者不可勝數察其所以皆失其本已故易曰失之豪氂差以千里故曰臣弑君子弑父非一旦一夕之故也其漸久矣故有國者不可以不知春秋前有讒而弗見後有賊而不知爲人臣者不可以不知春秋守經事而不知其宜遭變事而不知其權爲人君父而不通於春秋之義者必蒙首惡之名爲人臣子而不通於春秋之

義者必陷簒弑之誅死罪之名其實皆以爲善爲之不知其義被之空言而不敢辭夫不通禮義之旨至於君不君臣不臣父不父子不子夫君不君則犯臣不臣則誅父不父則無道子不子則不孝此四行者天下之大過也以天下之大過予之則受而弗敢辭故春秋者禮義之大宗也夫禮禁未然之前法施已然之後法之所爲用者易見而禮之所爲禁者難知壺遂曰孔子之時上無明君下不得任用故作春秋垂空文以斷禮義當一王之

法令夫子上遇明天子下得守職萬事既具咸各序其宜夫子所論欲以何明太史公曰唯唯不不不然余聞之先人曰伏羲至純厚作易八卦堯舜之盛尚書載之禮樂作焉湯武之隆詩人歌之春秋采善貶惡推三代之德褒周室非獨刺譏而已也漢興以來至明天子獲符瑞建封禪改正朔易服色受命於穆清澤流罔極海外殊俗重譯款塞請來獻見者不可勝道臣下百官力誦聖德猶不能宣盡其意且士賢能而不用有國者之耻主上

明聖而德不布聞有司之過也且余嘗掌其官廢明聖盛德不載滅功臣世家賢大夫之業不述墮先人所言罪莫大焉余所謂述故事整齊其世傳非所謂作也而君比之於春秋謬矣於是論次其文七年而太史公遭李陵之禍幽於縲紲乃喟然而嘆曰是余之罪也夫是余之罪也夫身毀不用矣退而深惟曰夫詩書隱約者欲遂其志之思也昔西伯拘羑里演周易孔子戹陳蔡作春秋屈原放逐著離騷左丘失明厥有國語孫子臏脚而論

兵法不韋遷蜀世傳呂覽韓非囚秦說難孤憤詩三百篇大抵賢聖發憤之所爲作也此人皆意有所鬱結不得通其道也故述往事思來者於是卒述陶唐以來至于麟止自黃帝始

維我漢繼五帝末流接三代統業周道廢秦撥去古文焚滅詩書故明堂石室金匱玉版圖籍散亂於是漢興蕭何次律令韓信申軍法張蒼爲章程叔孫通定禮儀則文學彬彬稍進詩書往往間出矣自曹參薦蓋公言黃老而賈生晁錯明申商公

孫弘以儒顯百年之間天下遺文古事靡不畢集太史公太史公仍父子相續纂其職曰於戲余惟先人嘗掌斯事顯於唐虞至於周復典之故司馬氏世主天官至於余乎欽念哉欽念哉罔羅天下放失舊聞王迹所興原始察終見盛觀衰論考之行事略推三代錄秦漢上記軒轅下至於茲著十二本紀既科條之矣並時異世年差不明作十表禮樂損益律歷改易兵權山川鬼神天人之際承敝通變作八書二十八宿環北辰三十輻共一轂

運行無窮輔拂股肱之臣配焉忠信行道以奉主上作三十世家扶義俶儻不令已失時立功名於天下作七十列傳凡百三十篇五十二萬六千五百字爲太史公書序略以拾遺補藝成一家之言厥協六經異傳整齊百家雜語藏之名山副在京師俟後世聖人君子

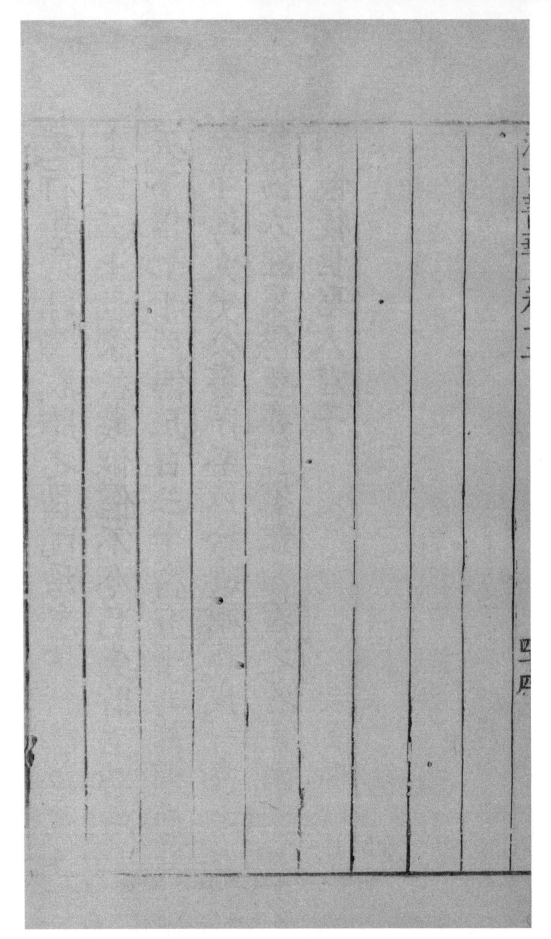

司馬遷報任安書

太史公牛馬走司馬遷再拜言少卿足下曩者辱賜書教以順於接物推賢進士爲務意氣懃懃懇懇若望僕不相師而用流俗人之言僕非敢如此也僕雖罷駑亦嘗側聞長者之遺風矣顧自以爲身殘處穢動而見尤欲益反損是以獨鬱悒而與誰語諺曰誰爲爲之孰令聽之盖鍾子期死伯牙終身不復鼓琴何則士爲知己者用女爲說己者容若僕大質已虧缺矣雖才懷隋和行若由夷終

不可以爲榮適足以見笑而自點耳書辭宜荅會東從上來又迫賤事相見日淺卒卒無須臾之閒得竭志意今少卿抱不測之罪涉旬月迫季冬僕又薄從上雍恐卒然不可爲諱是僕終已不得舒憤懣以曉左右則長逝者魂魄私恨無窮請略陳固陋闕然久不報幸勿爲過僕聞之修身者智之符也愛施者仁之端也取與者義之表也恥辱者勇之決也立名者行之極也士有此五者然後可以託於世而列於君子之林矣故禍莫憯於欲利

悲莫痛於傷心行莫醜於辱先詬莫大於宮刑刑餘之人無所比數非一世也所從來遠矣昔衛靈公與雍渠同載孔子適陳商鞅因景監見秦趙良寒心同子參乘袁絲變色自古而恥之夫中才之人事有關於宦豎莫不傷氣而況於慷慨之士乎如今朝廷雖乏人柰何令刀鋸之餘薦天下豪俊哉僕賴先人緒業得待罪輦轂下二十餘年矣所以自惟上之不能納忠效信有奇策才力之譽自結明主次之又不能拾遺補闕招賢進能顯巖穴

之士外之又不能備行伍攻城野戰有斬將搴旗之功下之不能積日累勞取尊官厚祿以為宗族交游光寵四者無一遂苟合取容無所短長之效可見如此矣嚮者僕常廁下大夫之列陪奉外廷末議不以此時引綱維盡思慮今已虧形為掃除之隸在闒（音荅）茸（音宂）之中乃欲仰首伸眉論列是非不亦輕朝廷羞當世之士邪嗟乎嗟乎如僕尚何言哉尚何言哉且事本末未易明也僕少負不羈之才長無鄉曲之譽主上幸得以先人之故使得

奏薄伎出入周衛之中僕以爲戴盆何以望天故絶賓客之知忘室家之業日夜思竭其不肖之才力務一心營職以求親媚於主上而事乃有大謬不然者僕與李陵俱居門下素非能相善也趣舍異路未嘗銜盃酒接慇懃之餘懽然僕觀其爲人自守奇士事親孝與士信臨財廉取與義分别有讓恭儉下人常思奮不顧身以徇國家之急其素所蓄積也僕以爲有國士之風夫人臣出萬死不顧一生之計赴公家之難斯亦奇矣今舉事一不

當而全軀保妻子之臣隨而媒孽其短僕誠私心痛之且李陵提步卒不滿五千深踐戎馬之地足歷王庭垂餌虎口橫挑彊胡仰億萬之師與單于連戰十有餘日所殺過半虜救死扶傷不給旃裘之君長咸震怖乃悉徵其左右賢王舉引弓之人一國共攻而圍之轉鬭千里矢盡道窮救兵不至士卒死傷如積然陵一呼勞軍士無不起躬自流涕沫血飲泣更張空拳冒白刃北嚮爭死敵者陵未沒時使有來報漢公卿王侯皆奉觴上壽後數

曰陵敗書聞主上爲之食不甘味聽朝不怡大臣憂懼不知所出僕竊不自料其卑賤見主上慘愴怛悼誠欲效其款款之愚以爲李陵素與士大夫絕少分甘能得人死力雖古之名將不能過也身雖陷敗彼觀其意且欲得其當而報於漢事已無可柰何其所摧敗功亦足以暴於天下矣僕懷欲陳之而未有路適會召問卽以此指推言陵之功欲以廣主上之意塞睚眦之辭未能盡明明主不曉以爲僕沮貳師而爲李陵游說遂下於理拳拳

之忠終不能自列因爲誣上卒從吏議家貧貨賂不足以自贖交游莫救左右親近不爲一言身非木石獨與法吏爲伍深幽囹圄之中誰可告愬者此真少卿所親見僕行事豈不然邪李陵旣生降隤其家聲而僕又佴音二之蠶室重爲天下觀笑悲夫悲夫事未易一二爲俗人言也僕之先人非有剖符丹書之功文史星曆近乎卜祝之間固主上所戲弄倡優所畜流俗之所輕也假令僕伏法受誅若九牛亡一毛與螻蟻何以異而世俗又不能

與死節者次比特以爲智窮罪極不能自免卒就死耳何也素所自樹立使然也人固有一死或重於太山或輕於鴻毛用之所趣異也太上不辱先其次不辱身其次不辱理色其次不辱辭令其次詘體受辱其次易服受辱其次關木索被箠楚受辱其次剔毛髮嬰金鐵受辱其次毀肌膚斷肢體受辱最下腐刑極矣傳曰刑不上大夫此言士節不可不勉厲也猛虎在深山百獸震恐及其在檻穽之中搖尾而求食積威約之漸也故有畫地爲

牢埶不可入削木爲吏議不可對定計於鮮也今交手足受木索暴肌膚受榜箠幽於圜牆之中當此之時見獄吏則頭槍地視徒隷則心惕息何者積威約之埶也及以至是言不辱者所謂彊顔耳曷足貴乎且西伯伯也拘於羑里李斯相也具於五刑淮陰王也受械於陳彭越張敖南面稱孤繫獄抵罪絳侯誅諸呂權傾五伯囚於請室魏其大將也衣赭衣關三木季布爲朱家鉗奴灌夫受辱於居室此人皆身至王侯將相聲聞鄰國及罪至

罔加不能引決自裁在塵埃之中古今一體安在其不辱也由此言之勇怯埶也强弱形也審矣何足怪乎夫人不能早自裁繩墨之外以稍凌遲至於鞭箠之間乃欲引節斯不亦遠乎古人所以重施刑於大夫者殆爲此也夫人情莫不貪生惡死念父母顧妻子至激於義理者不然乃有所不得已也今僕不幸早失父母無兄弟之親獨身孤立少卿視僕於妻子何如哉且勇者不必死節怯夫慕義何處不勉焉僕雖怯懦欲苟活亦頗識去就

之分矣何至自湛溺纍紲之辱哉且夫臧獲婢妾猶能引決況僕之不得已乎所以隱忍苟活幽於糞土之中而不辭者恨私心有所不盡鄙陋沒世而文彩不表於後世也古者富貴而名磨滅不可勝紀唯倜儻非常之人稱焉盖文王拘而演周易仲尼厄而作春秋屈原放逐乃賦離騷左丘失明厥有國語孫子臏脚兵法修列不韋遷蜀世傳呂覽韓非囚秦說難孤憤詩三百篇大抵賢聖發憤之所為作也此人皆意有所鬱結不得通其道故

述往事思來者乃如左丘無目孫子斷足終不可用退而論書策以舒其憤思垂空文以自見僕竊不遜近自託於無能之辭網羅天下放失舊聞略考其行事綜其終始稽其成敗興壞之紀上計軒轅下至於茲爲十表本紀十二書八章世家三十列傳七十凡百三十篇亦欲以究天人之際通古今之變成一家之言草創未就會遭此禍惜其不成是以就極刑而無慍色僕誠以著此書藏諸名山傳之其人通邑大都則僕償前辱之責雖萬被

戮豈有悔哉然此可爲智者道難爲俗人言也且負下未易居下流多謗議僕以口語遇遭此禍重爲鄉里所戮笑以汙辱先人亦何面目復上父母之丘墓乎雖累百世垢彌甚耳是以腸一日而九迴居則忽忽若有所亡出則不知其所往每念斯耻汗未嘗不發背霑衣也身直爲閨閤之臣寧得自引深藏于巖穴邪故且從俗浮沉與時俛仰以通其狂惑今少卿乃教以推賢進士無乃與僕之私心剌謬乎今雖欲自雕琢曼辭以自飾無益於

俗不信適足取辱耳要之死日然後是非乃定書不能悉意略陳固陋謹再拜

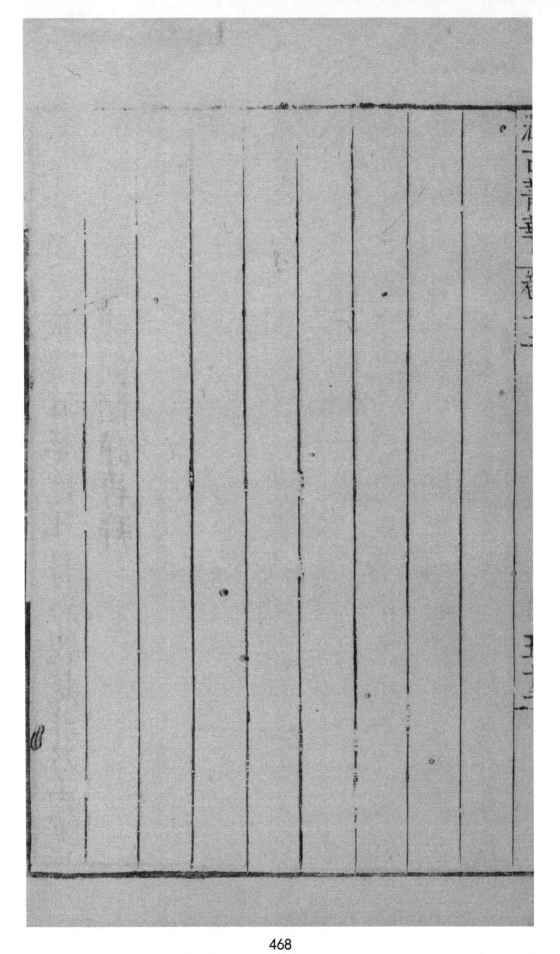

主父偃諫伐匈奴書

臣聞明主不惡切諫以博觀忠臣不敢避重誅以直諫是故事無遺策而功流萬世今臣不敢隱忠避死以效愚計願陛下幸赦而少察之司馬法曰國雖大好戰必亡天下雖平忘戰必危天下既平天子大凱春蒐秋獮諸侯春振旅秋治兵所以不忘戰也且夫怒者逆德也兵者凶器也爭者末節也古之人君一怒必伏尸流血故聖王重行之夫務戰勝窮武事者未有不悔者也昔秦皇帝任戰

勝之威蠶食天下幷呑戰國海內爲一功齊三代務勝不休欲攻匈奴李斯諫曰不可夫匈奴無城郭之居委積之守遷徙鳥舉難得而制也輕兵深入糧食必絶踵糧以行重不及事得其地不足以爲利得其民不可役而守也勝必棄之非民父母靡敝中國甘心匈奴非完計也秦皇帝不聽遂使蒙恬將兵而攻胡辟地千里以河爲境地固澤鹵音魯不生五穀然後發天下丁男以守北河暴兵露師十有餘年死者不可勝數終不能踰河而北是

豈人衆之不足兵革之不備哉其勢不可也又使天下蜚芻輓粟起於東腄琅邪負海之郡轉輸北河率三十鍾而致一石男子疾耕不足於糧餉女子紡績不足於帷幕百姓靡敝孤寡老弱不能相養道死者相望蓋天下始叛秦也及至高皇帝定天下略地於邊聞匈奴聚於代谷之外而欲擊之御史成進諫曰不可夫匈奴之性獸聚而鳥散從之如搏景今以陛下盛德攻匈奴臣竊危之高帝不聽遂至代谷果有平城之圍高帝悔之乃使劉

敬往結和親之約然後天下亡干戈之事故兵法曰興師十萬日費千金夫秦常積衆暴兵數十萬人雖有覆軍殺將係虜單于之功適足以結怨深讎不足以償天下之費夫上虛府庫下敝百姓甘心于外國非完事也夫匈奴難得而制非一世也行盜侵敺所以爲業也天性固然上自虞夏殷周固不程督禽獸畜之不比爲人夫上不觀虞夏殷周之統而下循近世之失此臣之所大恐百姓之所疾苦也且夫兵久則變生事苦則慮易乃使邊

境之民靡敝愁苦而有離心將吏相疑而外市故尉佗章邯得成其私而秦政不行權分二子此得失之效也故周書曰安危在出令存亡在所用願陛下詳察之少加意而熟慮焉

王吉諫昌邑王疏

臣聞古者師日行三十里吉行五十里詩云匪風發兮匪車揭兮顧瞻周道中心慟音哲兮説曰是非古之風也發發者是非古之車也揭揭者蓋傷之也今者大王幸方與會不半日而馳二百里百姓頗廢耕桑治道牽馬臣愚以爲民不可數變也昔召公述職當民事時舍於棠下而聽斷焉是時人皆得其所後世思其仁恩至虖不伐甘棠甘棠之詩是也大王不好書術而樂逸遊馮音平式撙銜馳

驅不止口倦乎叱咤手苦於箠轡身勞乎車輿朝則冒霧露晝則被塵埃夏則爲大暑之所暴音卜炙冬則爲風寒之所匽音偃薄數以耎音軟脆之玉體犯勤勞之煩毒非所以全壽命之宗也又非所以進仁義之隆也夫廣廈之下細旃之上明師居前勸誦在後上論唐虞之際下及殷周之盛考仁聖之風習治國之道訢訢焉發憤忘食日新厥德其樂豈徒銜橛之間哉休則俛仰屈信以利形進退步趨以實下吸新吐故以練藏專意積精以適神於

以養生豈不長哉大王誠留意如此則心有堯舜之志體有喬松之壽美聲廣譽登而上聞則福祿其臻而社稷安矣皇帝仁聖至今思慕未怠於宮館囿池弋獵之樂未有所幸大王宜夙夜念此以承聖意諸侯骨肉莫親大王大王於屬則子也於位則臣也一身而二任之責加焉恩愛行義纖介有不具者於以上聞非饗國之福也臣吉愚戇願大王察之

路温舒尚德緩刑書

臣聞齊有無知之禍而桓公以興晉有驪姬之難而文公用伯近世趙王不終諸呂作亂而孝文爲太宗繇是觀之禍亂之作將以開聖人也故桓文扶微興壞尊文武之業澤加百姓功潤諸侯雖不及三王天下歸仁焉文帝永思至德以承天心崇仁義省刑罰通關梁一遠近敬賢如大賓愛民如赤子內恕情之所安而施之於海內是以囹圄空虛天下太平夫繼變化之後必有異舊之恩此賢

聖所以昭天命也往者昭帝即世而無嗣大臣憂戚焦心合謀皆以昌邑尊親援而立之然天不受命淫亂其心遂以自亡深察禍變之故乃皇天之所以開至聖也故大將軍受命武帝股肱漢國披肝胆決大計黜亡義立有德輔天而行然後宗廟以安天下咸寧臣聞春秋正即位大一統而慎始也陛下初登至尊與天合符宜改前世之失正始受命之統滌煩文除民疾存亡繼絕以應天意臣聞秦有十失其一尚存治獄之吏是也秦之時羞

文學好武勇賤仁義之士貴治獄之吏正言者謂之誹謗遏過者謂之妖言故盛服先生不用於世忠良切言皆鬱於胸譽諛之聲日滿於耳虛美熏心實禍蔽塞此乃秦之所以亡天下也方今天下賴陛下恩厚亡金革之危饑寒之患父子夫妻戮力安家然太平未洽者獄亂之也夫獄者天下之大命也死者不可復生𢇍(斷字)者不可復屬(作續)書曰與其殺不辜寧失不經今治獄吏則不然上下相敺以刻爲明深者獲公名平者多後患故治獄之

吏皆欲人死非憎人也自安之道在人之死是以死人之血流離於市被刑之徒比肩而立大辟之計歲以萬數此仁聖之所以傷也太平之未洽凡以此也夫人情安則樂生痛則思死棰楚之下何求而不得故囚人不勝痛則飾辭以視之吏治者利其然則指道以明之上奏畏卻則鍛練而周内之蓋奏當之成雖咎繇聽之猶以爲死有餘辜何則成練者衆文致之罪明也是以獄吏專爲深刻殘賊而亡極媮爲一切不顧國患此世之大賊也

故俗語曰畫地爲獄義不入刻木爲吏期不對此皆疾吏之風悲痛之辭也故天下之患莫深於獄敗法亂正離親塞道莫甚乎治獄之吏此所謂一尚存者也臣聞烏鳶之卵不毀而後鳳皇集誹謗之罪不誅而後良言進故古人有言山藪藏疾川澤納汙瑾瑜匿惡國君含詬（音垢）唯陛下除誹謗以招切言開天下之口廣箴諫之路掃亡秦之失尊文武之德省法制寬刑罰以廢治獄則太平之風可興於世永履和樂與天亡極天下幸甚

魏相諫擊匈奴書

臣聞之救亂誅暴謂之義兵兵義者王敵加於己不得已而起者謂之應兵兵應者勝爭恨小故不忍憤怒者謂之忿兵兵忿者敗利人土地貨寶者謂之貪兵兵貪者破恃國家之大矜民人之衆欲見威於敵者謂之驕兵兵驕者滅此五者非但人事乃天道也間者匈奴嘗有善意所得漢民輒奉歸之未有犯於邊境雖爭屯田車師不足致意中今聞諸將軍欲興兵入其地臣愚不知此兵何名

者也今邊郡困乏父子共犬羊之衆食草萊之實常恐不能自存難以動兵軍旅之後必有凶年言民以其愁苦之氣傷陰陽之和也出兵雖勝猶有後憂恐災害之變因此以生今郡國守相多不實選風俗尤薄水旱不時案今年計子弟殺父兄妻殺夫者凡二百二十人臣愚以爲非小變也今左右不憂此乃欲發兵報纖介之忿於遠夷殆孔子所謂吾恐季孫之憂不在顓臾而在蕭牆之內也願陛下與平昌侯樂昌侯平恩侯及有識者詳議

乃可

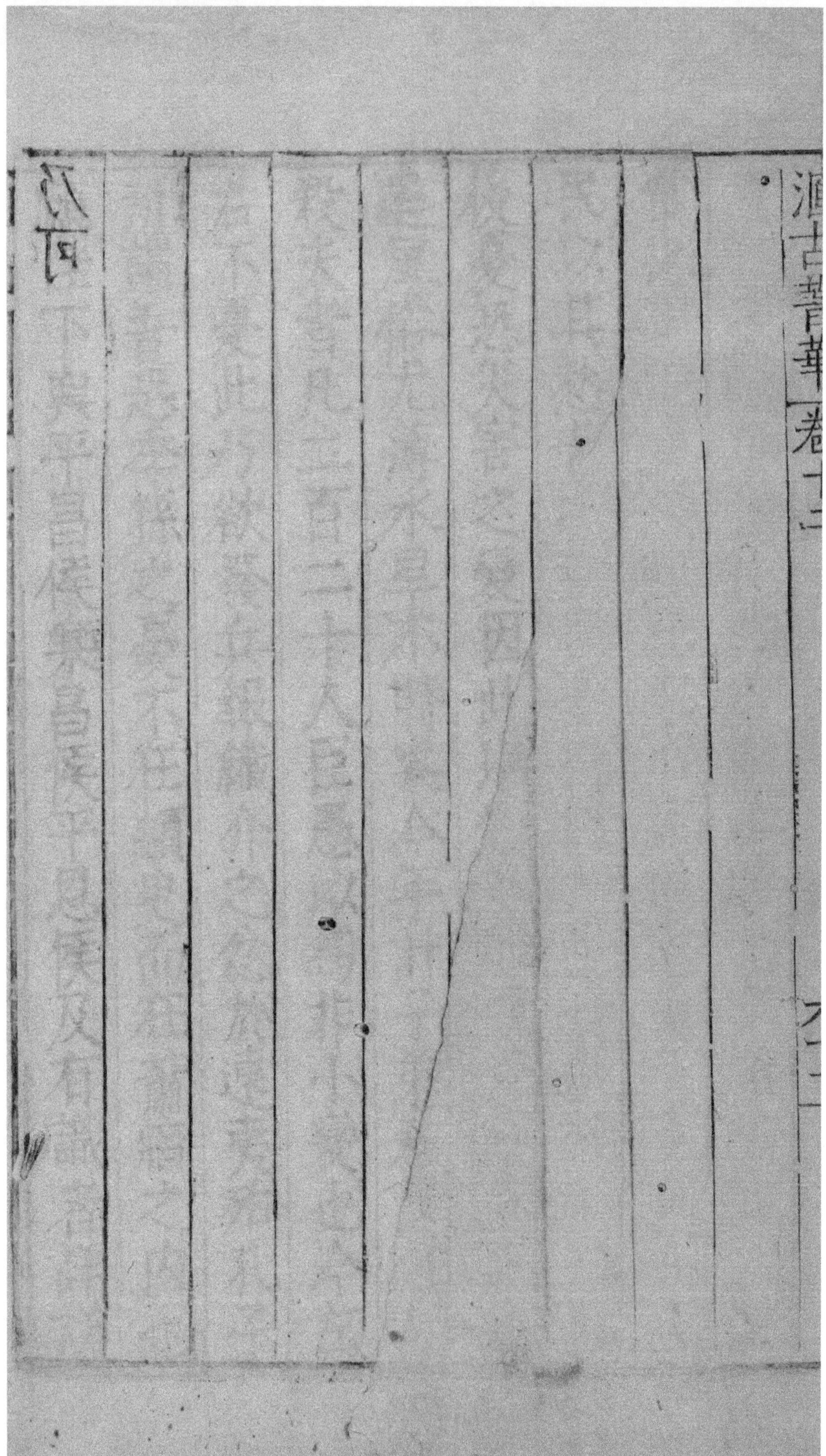

趙充國上屯田奏二

臣聞帝王之兵以全取勝是以貴謀而賤戰戰而百勝非善之善者也故先爲不可勝以待敵之可勝蠻夷習俗雖殊於禮義之國然其欲避害就利愛親戚畏死亡一也今虜亡其美地薦草愁於寄託遠遁骨肉離心人有畔志而明主般師罷兵萬人留田順天時因地利以待可勝之虜雖未即伏辜兵決可期月而望羌虜瓦解前後降者萬七百餘人及受言去者凡七十輩此坐支解羌虜之具

也臣謹條不出兵留田便宜十二事步兵九校吏士萬人留屯以爲武備因田致穀威德並行一也又因排折羌虜令不得歸肥饒之墬[地字]貧破其衆以成羌虜相畔之漸二也居民得並田作不失農業三也軍馬一月之食度支田十二歲罷騎兵以省大費四也至春省甲士卒循河湟漕穀至臨羌以眎羌虜揚威武傳世折衝之具五也以閒暇時下所伐材繕治郵亭充入金城六也兵出乘危徼幸不出令反畔之虜竄於風寒之地離霜露疾疫

瘃墮音祝之患坐得必勝之道七也亡經阻遠道死傷之害八也內不損威武之重外不令虜得乘間之埶九也又亡驚動河南大开音肩小开使生它變之憂十也治湟陿中道橋令可至鮮水以制西域信威千里從枕席上過師十一也大費旣省繇役豫息以戒不虞十二也留屯田得十二便出兵失十二利臣充國材下犬馬齒衰不識長冊唯明詔博詳公卿議臣采擇

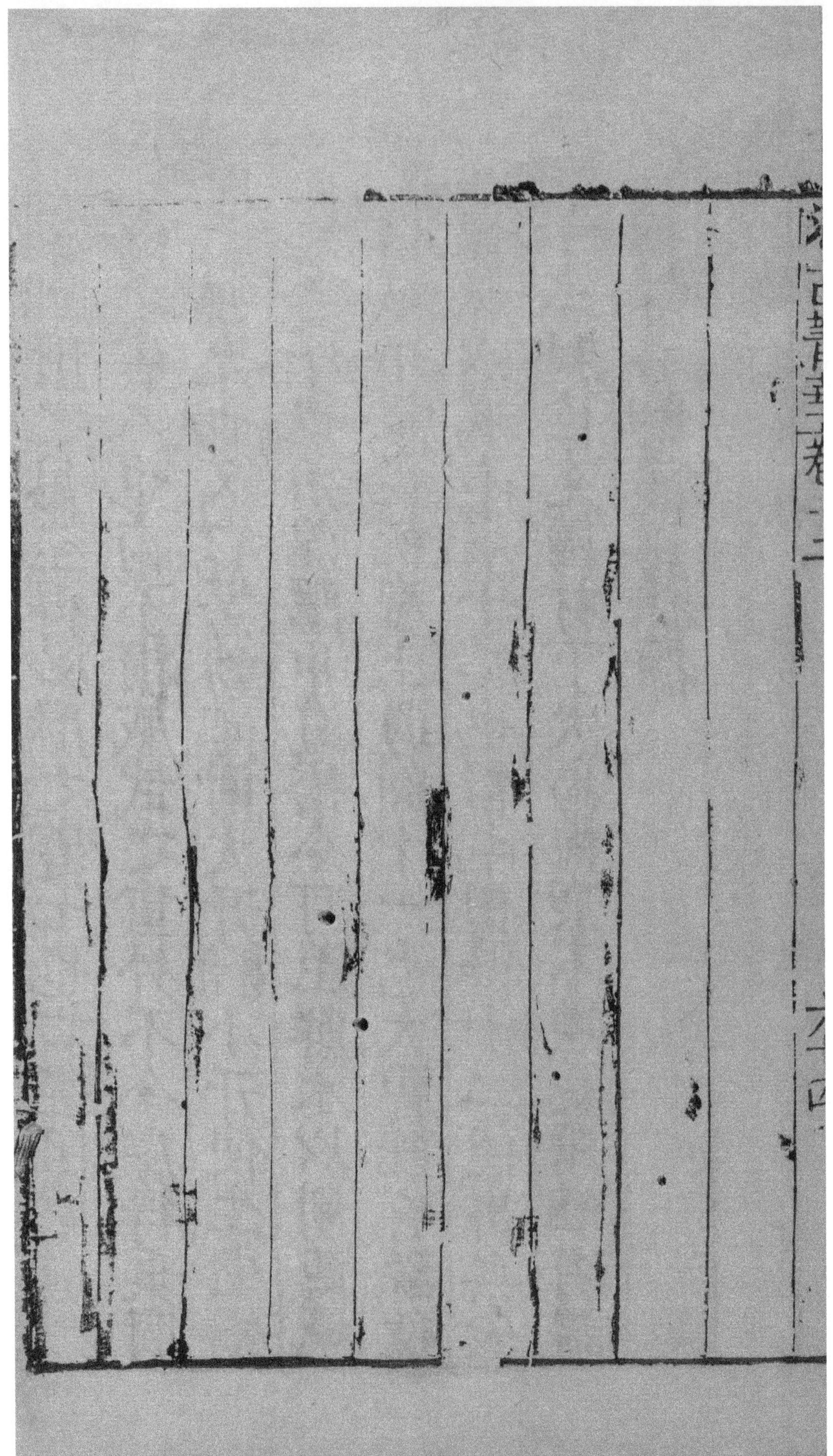

王褒聖主得賢臣頌

夫荷旃被毳〔音吹去声〕者難與道純綿之麗密羹藜唅糗者不足與論太牢之滋味今臣僻在西蜀生於窮巷之中長於蓬茨之下無有游觀廣覽之知顧有至愚極陋之累不足以塞厚望應明旨雖然敢不略陳愚心而抒情素記曰恭惟春秋法五始之要在乎審已正統而已夫賢者國家之器用也所任賢則趨舍省而功施普器用利則用力少而就效衆故工人之用鈍器也勞筋苦骨終日矻矻及

至巧冶鑄干将之樸清水淬音醉其鋒越砥斂其鍔水斷蛟龍陸剸音專犀革忽若篲音端汜塵塗如此則使離婁督繩公輸削墨雖崇臺五層延袤音謀百丈而不溷音混者工用相得也庸人之御駑馬亦傷吻弊策而不進於行胷喘膚汗人極馬倦及至駕齧膝驂乘旦王良執靶音霸韓哀附輿縱騁馳騖忽如影靡過都越國蹶如歷塊追奔電逐遺風周流八極萬里一息何其遼哉人馬相得也故服絺綌之凉者不苦盛暑之鬱燠襲狐狢之煖者不憂至寒

之悽愴何則有其具者易其備賢人君子亦聖主之所以易海内也是以嘔喻受之開寬裕之路以延天下之英俊也夫竭智附賢者必建仁策索遠求士者必樹伯跡昔周公躬吐握之勞故有圄空之隆齊桓設庭燎之禮故有匡合之功由此觀之君人者勤於求賢而逸於得人人臣亦然昔賢者之未遭遇也圖事揆策則君不用其謀陳見悃誠則上不然其信進仕不得施效斥逐又非其愆是故伊尹勤於鼎俎太公困於鼓刀百里自鬻甯戚

飯牛離此患也及其遇明君遭聖主也運籌合上意諫諍則見聽進退得關其忠任職得行其術去卑辱奥音郁渫音屑而升本朝離蔬釋蹻音却而享膏粱剖符錫壤而光祖考傳之子孫以資說士故世必有聖智之君而後有賢明之臣故虎嘯而風冽龍興而致雲蟋蟀俟秋吟蜉蝣出以陰易曰飛龍在天利見大人詩曰思皇多士生此王國故世平主聖俊乂將自至若堯舜禹湯文武之君獲稷契皐陶伊尹呂望之臣明明在朝穆穆布列聚精會神

相得益章雖伯牙操遞音地鍾逢門子彎烏號猶未足以喻其意也故聖主必待賢臣而弘功業俊士亦俟明主以顯其德上下俱欲懽然交欣千載一會論說無疑翼乎如鴻毛遇順風沛乎若巨魚縱大壑其得意如此則胡禁不止曷令不行化溢四表橫被無窮遐夷貢獻萬祥必臻是以聖主不徧窺望而視已明不殫傾耳而聽已聰恩從祥風翱德與和氣游太平之責塞優游之望得遵游自然之勢恬淡無爲之塲休徵自至壽考無疆雍容垂

拱汞汞萬年何必偃仰屈伸若彭祖呴煦嘘呼吸如
喬松耿然絶俗離世哉詩曰濟濟多士文王以寧
盖信乎其以寧也

王褒四子講德論

微斯文學問於虛儀夫子曰蓋聞國有道貧且賤焉耻也今夫子閉門距躍專精趨學有日矣幸遭聖主平世而乂懷寶是伯牙去鍾期而舜禹遁帝堯也於是欲顯名號建功業不亦難乎夫子曰然有是言也夫蚊虻（音盲）終日經營不能越階序附驥尾則涉千里攀鴻翮則翔四海僕雖頑嚚（音垠）願從足下雖然何由而自達哉文學曰陳懿誠於本朝之上行話談於公卿之門夫子曰無介紹之道安

從行乎公卿文學曰何爲其然也昔甯戚商歌以干齊桓越石負芻而寤晏嬰非有積素累舊之歡皆塗覯卒遇而以爲親者也故毛嬙西施善毀者不能蔽其好嫫（音暮）姆（音母）倭（音威）傀（音回）善譽者不能掩其醜苟有至道何必介紹夫子曰咨夫特達而相知者千載之一遇也招賢而處友者衆士之常路也是以空柯無刃公輸不能以斷但懸曼矰蒲苴不能以射故膺騰撇波而濟水不如乘舟之逸也衝蒙涉田而能致遠未若遵塗之疾也才蔽於無

人行衰於寡黨此古今之患唯文學慮之文學曰唯唯敬聞命矣於是相與結侶攜手俱游求賢索友歷於西州有二人焉乘軺而歌倚輗而聽之詠嘆中雅轉運中律嘽音闡緩舒繹曲折不失節問歌者爲誰則所謂浮游先生陳丘子者也於是以士相見之禮友焉禮文既集文學夫子降席而稱曰俚人不識寡見尠聞曩從末路望聽玉音竊動心焉敢問所歌何詩請聞其說浮游先生陳丘子曰所謂中和樂職宣布之詩益州刺史之所作也刺

史見太上聖明股肱竭力德澤洪茂黎庶和睦天人並應屢降瑞福故作三篇之詩以歌之也文學曰君子動作有應從容得度南容三復白珪孔子睹其慎戒太子擊誦晨風文侯諭其指意今吾子何樂此詩而詠之也先生曰夫樂者感人心深而風移俗易吾所以詠歌之者美其君術明而臣道得也君者中心臣者外體外體作然後知心之好惡臣下動然後知君之節趨好惡不形則是非不分節趨不立則功名不宣故美玉蘊於碔（音武）砆（音夫）

凡人視之佚（音脫）焉良工砥之然後知其和寶也精練藏於鑛璞庸人視之忽焉巧冶鑄之然後知其幹也況乎聖德巍巍蕩蕩黎民所不能命哉是以刺史推而詠之揚君德美深乎洋洋罔不覆載紛紜天地寂寥宇宙明君之惠顯忠臣之節究皇唐之世何以加茲是以每歌之不知老之將至也文學曰書云迪一人使四方若卜筮夫忠賢之臣導主志承君惠攄盛德而化洪天下安瀾比屋可封何必歌詠詩賦可以揚君哉愚竊惑焉浮游先生

色勃眥音資溢曰是何言與昔周公詠文王之德而作清廟建爲頌首吉甫嘆宣王穆如清風列於大雅夫世衰道微僞臣虛稱者殆也世平道明臣子不宣者鄙也鄙殆之累傷乎王道故自刺史之來也宣布詔書勞來不怠令百姓徧曉聖德莫不霑濡龐眉耆耇之老咸愛惜朝夕顧濟須臾且覩大化之淳流於是皇澤豐沛主恩滿溢百姓歡忻中和感發是以作歌而詠之也傳曰詩人感而後思思而後積積而後滿滿而後作言之不足故嗟嘆

之嗟嘆之不足故詠歌之詠歌之不厭不知手之
舞之足之蹈之也此臣子於君父之常義古今一
也今子執分寸而罔億度處把握而却寥廓乃欲
圖大人之樞機道方伯之失得不亦遠乎陳丘子
見先生言切恐二客慙膝步而前曰先生詳之行
潦暴集江海不以爲多鱃音秋鱓並逃九罭音域不以
爲虛是以許由匿堯而深隱唐氏不以衰夷齊恥
周而遠餓文武不以卑夫青蠅不能穢垂棘邪論
不能惑孔墨今刺史質敏以流惠舒化以揚名采

詩以顯至德歌詠以董其文受命如絲明之如緝甘棠之風可倚而俟也二客雖室計沮議何傷顧謂文學夫子曰先生微矜於談道又不讓乎當仁亦未巨過也願二子措意焉夫子曰否夫雷霆必發而潛底震動抱鼓鏗鏘而介士奮竦故物不震不發士不激不勇今文學之言欲以議愚感敵舒先生之憤願二生亦勿疑於是文繹復集乃始講德文學夫子曰昔成康之世君之德與臣之力也先生曰非有聖智之君惡有甘棠之臣故虎嘯而

風寥戾龍起而致雲氣蟋蟀俟秋吟蜉蝣出以陰
易曰飛龍在天利見大人鳴聲相應仇偶相從人
由意合物以類同是以聖主不徧窺望而視以明
不殫傾耳而聽以聰何則淑人君子人就者衆也
故千金之裘非一狐之腋大厦之材非一丘之木
太平之功非一人之略也蓋君爲元首臣爲股肱
明其一體相待而成有君而無臣春秋刺焉三代
以上皆有師傅五伯以下各自取友齊桓有管鮑
隰甯九合諸侯一匡天下晉文公有咎犯趙衰取

威定覇以尊天子秦穆有王由五羖攘却西戎始開帝緒楚莊有叔孫子反兼定江淮威震諸夏句踐有種蠡渫(音屑)庸尅滅彊吳雪會稽之耻魏文有段干田翟秦人寢兵折衝萬里燕昭有郭隗樂毅夷破彊齊困閔於莒夫以諸侯之細功名猶尚若此而況帝王選於四海羽翼百姓哉故有賢聖之君必有明智之臣欲以積德則天下不足平也欲以立威則百蠻不足攘也今聖主冠道德履純仁被六藝佩禮文屢下明詔舉賢良求術士招異倫

拔俊茂是以海内歡慕莫不風馳雨集襲雜並至填庭溢闕含淳詠德之聲盈耳登降揖讓之禮極目進者樂其條暢怠者欲罷不能偃息匍匐乎詩書之門游觀乎道德之域咸潔身修思吐情素而披心腹各悉精銳以貢忠誠允願推主上弘風俗而騁太平濟濟多士文王所以寧也若乃美政所施洪恩所潤不可究陳舉孝以篤行崇能以招賢去煩蠲苛以綏百姓祿勤增奉以勵貞廉減膳食卑宮觀省田官損諸苑疎傜役振乏困恤民災害

不遑遊宴閔耄老之逢辜憐縲絏之服事惻隱身死之腐人悽愴子弟之縲匿恩及飛鳥惠加走獸胎卵得以成育草木遂其零茂愷悌君子民之父母豈不然哉先生獨不聞秦之時邪違三王背五帝滅詩書壞禮義信任羣小憎惡仁智詐僞者進達佞諂者容入宰相刻削大理峻法處位而任政者皆短於仁義長於酷虐狼摯虎攫懷殘秉賊其所臨蒞莫不股慄慴音折伏吹毛求疵並施螫音食毒百姓征伀音冲無所措其手足嗷嗷愁怨遂亡秦族

是以養雞者不畜貍，牧獸者不育豺，樹木者憂其蠹，保民者除其賊。故大漢之爲政也，崇簡易，尚寬柔，進淳仁，舉賢才，上下無怨，民用和睦。今海内樂業，朝廷淑清，天符既章，人瑞又明，品物咸亨，山川降靈，神光曜暉，洪洞朗天，鳳凰來儀，翼翼邕邕，羣鳥並從，舞德垂容，神雀仍集，麒麟自至，甘露滋液，嘉禾櫛比，大化隆洽，男女條暢，家給年豐，咸則三壤，豈不盛哉！昔文王應九尾狐而東夷歸周，武王獲白魚而諸侯同辭，周公受秬鬯而鬼方臣，宣王得白狼而夷狄賓夫名自正而事自定也今南郡獲白虎亦偃武興文之應也獲之者張武武張而猛服也是以北狄賓洽邊不恤寇甲士寢而旌旗仆也文學夫子曰天符既闡命矣敢問人瑞先生曰夫匈奴者百蠻之最强者也天性驕蹇習俗桀暴賤老貴壯氣力相高業在攻伐事在獵射兒能騎羊走箭飛鏃逐水隨畜都無常處鳥集獸散往來馳騖周流曠野以濟嗜欲其耒耜則弓矢鞍馬播種則扞（音汗）絃掌拊（音夫）收秋則奔狐馳兔穫刈則

顛倒殪（音意）仆追之則奔遁釋之則爲寇是以三王不能懐五伯不能綏鷩邉杌士屢犯匈荛詩人所歌自古患之今聖德隆盛威靈外覆日逐舉國而歸德單于稱臣而朝賀乾坤之所開陰陽之所接編結沮顔燋（音焦）齒梟瞷（音閒）剪髮黥首文身裸袒之國靡不奔走貢獻懽忻來附婆娑嘔吟鼓掖而笑夫鴻均之世何物不樂飛鳥翕翼泉魚奮躍是以刺史感懣舒音而詠至德鄙人黯（音暗）淺不能究識敬遵所聞未克殫焉於是二客醉于仁義飽于盛

德終日仰嘆怡懌而悅服

楊惲報孫會宗書

惲材朽行穢文質無所底幸賴先人餘業得備宿衛遭遇時變以獲爵位終非其任卒與禍會足下哀其愚矇賜書教督以所不及殷勤甚厚然竊恨足下不深惟其終始而猥隨俗之毀譽也言鄙陋之愚心則若逆指而文過默而息乎恐違孔氏各言爾志之義故敢略陳其愚唯君子察焉惲家方隆盛時乘朱輪者十人位在列卿爵為通侯總領從官與聞政事曾不能以此時有所建明以宣德

化又不能與羣僚同心并力陪輔朝廷之遺忘已負竊位素飡之責久矣懷祿貪勢不能自退遂遭變故横被口語身幽北闕妻子滿獄當此之時自以夷滅不足以塞責豈意得全首領復奉先人之丘墓乎伏唯聖主之恩不可勝量君子游道樂以忘憂小人全軀說以忘罪竊自念過已大矣行已虧矣長爲農夫以沒世矣是故身率妻子戮力畊桑灌園治產以給公上不意當復用此爲譏議也夫人情所不能止者聖人弗禁故君父至尊親送

其終也有時而既臣之得罪已三年矣田家作苦歲時伏臘亨羊炰羔斗酒自勞家本秦也能爲秦聲婦趙女也雅善鼓瑟奴婢歌者數人酒後耳熱仰天撫缶而呼嗚嗚其詩曰田彼南山蕪穢不治種一頃豆落而爲萁人生行樂耳須富貴何時是日也拂衣而喜奮袖低昂頓足起舞誠淫荒無度不知其不可也惲幸有餘祿方糴賤販貴逐什一之利此賈豎之事汙辱之處惲親行之下流之人衆毀所歸不寒而慄雖雅知惲者猶隨風而靡尚

何稱譽之有董生不云乎明明求仁義常恐不能化人者卿大夫之意也明明求財利常恐困乏者庶人之事也故道不同不相為謀今子尚安得以卿大夫之制而責僕哉夫西河魏土文侯所興有段干木田子方之遺風凜然皆有節槩知去就之分頃者足下離舊土臨安定安定山谷之間昆夷舊壤子弟貪鄙豈習俗之移人哉於今乃睹子之志矣方當盛漢之隆願勉旃無多談

賈捐之罷珠崖對

臣幸得遭明盛之朝蒙危言之策無忌諱之患敢昧死竭卷卷臣聞堯舜聖之盛也禹入聖域而不優故孔子稱堯曰大哉韶曰盡善禹曰無間以三聖之德地方不過數千里西被流沙東漸於海朔南暨聲教迄于四海欲與聲教則治之不欲與者不廣治也故君臣歌德含氣之物各得其宜武丁成王殷周之大仁人也然地東不過江黃西不過氐羌南不過蠻荆北不過朔方是以頌聲並作視

聽之類咸樂其生越裳氏重九譯而獻此非兵革
之所能致及其衰也南征不還齊桓救其難孔子
定其文以至乎秦興兵遠攻貪外虛內務欲廣地
不慮其害然地南不過閩越北不過太原而天下
潰畔禍卒在於二世之末長城之歌至今未絕賴
聖漢初興爲百姓請命平定天下至孝文皇帝閔
中國未安偃武行文則斷獄數百民賦四十丁男
三年而一事時有獻千里馬者詔曰鸞旗在前屬
車在後吉行日五十里師行日三十里朕乘千里

之馬獨先安之於是還馬與道里費而下詔曰朕不受獻也其令四方毋求來獻當此之時逸遊之樂絕奇麗之賂塞鄭衛之倡微矣夫後宮盛色則賢者隱處佞人用事則諍臣杜口而文帝不行故謚爲孝文廟稱太宗至孝武皇帝元狩六年太倉之粟紅腐而不可食都内之錢貫朽而不可校乃探平城之事錄冒頓以來數爲邊害籍兵厲馬因富民以攘服之西連諸國至於安息東過碣石以玄菟樂浪爲郡北卻匈奴萬里更起營塞制南海

以八郡則天下斷獄萬數民賦數百造盐鐵酒榷之利以佐用度猶不能足當此之時寇賊並起軍旅數發父戰死於前子鬭傷於後女子乘亭鄣孤兒號於道老母寡婦飲泣巷哭遙設虛祭想魂於萬里之外淮南王盜寫虎符陰聘名士關東公孫勇等詐爲使者是皆廓地泰大征伐不休之故也今天下獨有關東關東大者獨有齊楚民衆久困連年流離離其城郭相枕席於道路人情莫親父母莫樂夫婦至嫁妻賣子法不能禁義不能止此

杜稷之憂也今陛下不忍悁悁之忿欲驅士衆擠之大海之中快心幽冥之地非以救助饑饉保全元元也詩云蠢爾蠻荊大邦爲讎言聖人起則後服中國衰則先畔動爲國家難自古而患之久矣何況乃復其南方萬里之蠻乎駱越之人父子同川而浴相習以鼻飲與禽獸無異本不足郡縣置也顓顓獨居一海之中霧露氣濕多毒草蟲蛇水土之害人未見虜戰士自死又非獨珠厓有珠犀瑇瑁也棄之不足惜不擊不損威其民譬猶魚鼈

何足貪也臣竊以往者羌軍言之暴師曾未一年兵出不踰千里費四十餘萬萬大司農錢盡乃以少府禁錢續之夫一隅爲不善費尚如此況於勞師遠攻亡士無功乎求之往古則不合施之當今又不便臣愚以爲非冠帶之國禹貢所及春秋所治皆可且無以爲願遂棄珠厓專用恤關東爲憂

侯應罷邊備議

周秦以來匈奴暴桀寇侵邊境漢興尤被其害臣聞北邊塞至遼東外有陰山東西千餘里草木茂盛多禽獸本冒頓單于依阻其中治作弓矢來出爲寇是其苑囿也至孝武世出師征伐斥奪此地攘之於幕北建塞徼起亭隧築外城故地戍以守之然後邊境得用少安幕北地平少草木多大沙匈奴來寇少所蔽隱從塞以南徑深山谷往來差難邊長老言匈奴失陰山之後過之未嘗不哭也

如罷備塞戍卒示夷狄之大利不可一也今聖德廣被天覆匈奴匈奴得蒙全活之恩稽首來臣夫夷狄之情困則卑順彊則驕逆天性然也前以罷外城省亭隧今裁足以候望通烽火而已古者安不忘危不可復罷二也中國有禮義之教刑罰之誅愚民猶尚犯禁又況單于能必其衆不犯約哉三也自中國尚建關梁以制諸侯所以絕臣下之覬欲也設塞徼置屯戍非獨爲匈奴而已亦爲諸屬國降民本故匈奴之人恐其思舊逃亡四也近

西羌保塞與漢人交通吏民貪利侵盜其畜產妻子以此怨恨起而背畔世世不絕今罷乘塞則生嫚易分爭之漸五也往者從軍多沒不還者子孫貧困一旦亡出從其親戚六也又邊人奴婢愁苦欲亡者多曰聞匈奴中樂無奈候望急何然時有亡出塞者七也盜賊桀黠羣輩犯法如其窘急亡走北出則不可制八也起塞以來百有餘年非皆以土垣也或因山巖石木柴僵落谿谷水門稍稍平之卒徒築治功費久遠不可勝計臣恐議者不

深慮其終始欲以一切省繇戍十年之外百歲之內卒有他變障塞破壞亭隧滅絕當更發屯繕治累世之功不可卒復九也如罷戍卒省候望單于自以保塞守禦必深德漢請求無已小失其意則不可測開夷狄之隙虧中國之固十也非所以永持至安威制百蠻之長策也

臣衡論治性正家疏一

臣聞治亂安危之機在乎審所用心蓋受命之王務在創業垂統傳之無窮繼體之君心存於承宣先王之德而褒大其功昔者成王之嗣位思述文武之道以養其心休烈盛美皆歸之二后而不敢專其名是以上天歆享鬼神祐焉其詩曰念我皇祖陟降庭止言成王常思祖考之業而鬼神祐助其治也陛下聖德天覆子愛海内然陰陽未和姦邪未禁者殆論議者未丕揚先帝之盛功爭言制

度不可用也務變更之所更或不可行而復復之是以羣下更相是非吏民無所信臣竊恨國家釋樂成之業而虛爲此紛紛也願陛下詳覽統業之事留神於遵制揚功以定羣下之心大雅曰無念爾祖聿脩厥德孔子著之孝經首章蓋至德之本傳曰審好惡理情性而王道畢矣能盡其性然後能盡人物之性能盡人物之性可以贊天地之化治性之道必審己之所有餘而強其所不足蓋聰明疏通者戒於太察寡聞少見者戒於壅蔽勇猛

剛强者戒於太暴仁愛温良者戒於無斷湛靜安舒者戒於後時廣心浩大者戒於遺忘必審已之所當戒而齊之以義然後中和之化應而巧僞之徒不敢比周而望進唯陛下戒慎以崇聖德臣又聞室家之道脩則天下之理得故詩始國風禮本冠婚始乎國風原情性而明人倫也本乎冠婚正基兆而防未然也福之興莫不本乎室家道之衰莫不始乎梱內故聖王必慎妃后之際别適長之位禮之於內也卑不踰尊新不先故所以統人情

而理陰氣也其尊適而卑庶也適子冠乎阼禮之用醴衆子不得與列所以貴正體而明嫌疑也非虛加其禮文而已乃中心與之殊異故禮探其情而見之外也聖人動靜游讌所親物得其序得其序則海內自脩百姓從化如當親者疏當尊者卑則佞巧之姦因時而動以亂國家故聖人慎防其端禁於未然不以私恩害公義陛下聖德純備莫不脩正則天下無爲而治詩曰于以四方克定厥家傳曰正家而天下定矣

匡衡戒妃匹勸經學疏

陛下秉至孝哀傷思慕不絕於心未有游虞弋射之宴誠隆於慎終追遠無窮已也竊願陛下雖聖性得之猶復加聖心焉詩云煢煢在疚言成王喪畢思慕意氣未能平也蓋所以就文武之業崇大化之本也臣又聞之師曰妃匹之際生民之始萬化之原婚姻之禮正然後品物遂而天命全孔子論詩以關雎爲始言太上者民之父母后夫人之行不侔乎天地則無以奉神靈之統而理萬物之

宜故詩曰窈窕淑女君子好逑言能致其貞淑不
貳其操情欲之感無介乎容儀宴私之意不形乎
動靜夫然後可以配至尊而爲宗廟主此綱紀之
首王教之端也自上世以來三代興廢未有不由
此者也願陛下詳覽得失盛衰之效以定大基采
有德戒聲色近嚴敬遠技能竊見聖德純茂專精
詩書好樂無厭臣衡材駑無以輔相善義宣揚德
音臣聞六經者聖人所以統天地之心著善惡之
歸明吉凶之分通人道之正使不悖於其本性者

也故審六藝之旨則天人之理可得而和草木昆蟲可得而育此永永不易之道也及論語孝經聖人言行之要宜究其意臣又聞聖王之自爲動靜周旋奉天承親臨朝饗臣物有節文以章人倫蓋欽翼祇栗事天之容也溫恭敬遜承親之禮也正躬嚴恪臨衆之儀也嘉惠和說饗下之顏也舉錯動作物遵其儀故形爲仁義動爲法則孔子曰德義可尊容止可觀進退可度以臨其民是以其民畏而愛之則而象之大雅云敬慎威儀惟民之則

諸侯正月朝覲天子天子惟道德昭穆穆以視之又觀以禮樂饗醴乃歸故萬國莫不獲賜祉福蒙化而成俗今正月初幸路寢臨朝賀置酒以饗萬方傳曰君子慎始願陛下留神動靜之節使羣下得望盛德休光以立基禎天下幸甚

劉向說苑建本

人皆知以食愈饑莫知以學愈愚故善材之幼者必勤於學問以脩其性今人誠能砥礪其材自誠其神明睹物之應通道之要觀始卒之端覽無外之境逍遥乎無方之内彷徉乎塵埃之外卓然獨立超然絶世此上聖之所遊神也然晚世之人莫能閒居心思鼓琴讀書追觀上古友賢大夫學問講辯日以自虞疏遠世事分明利害籌策得失以觀禍福設義立度以爲法式窮追本末究事之情

死有遺業生有榮名此皆人材之所能建也然莫能爲者偷慢懈墮多暇日之故也是以失本而無名夫學者崇名立身之本也儀狀齊等而飾貌者好質性同倫而學問者智是故砥礪琢磨非金也而可以利金詩書辟立非我也而可以厲心夫問訊之士日夜興起厲中益智以分別理是故處身則全立身不殆士苟欲深明慱察以垂榮名而不好問訊之道則是伐智本而塞智原也何以立驅也騏驥雖疾不遇伯樂不致千里干將雖利非人

力不能自斷烏號之弓雖良不得排檠不能自任人才雖高不務學問不能致聖水積成川則蛟龍生焉土積成山則豫樟生焉學積成聖則富貴尊顯至焉千金之裘非一狐之皮臺廟之榱非一木之枝先王之法非一士之智也故曰訊問者智之本思慮者智之道也中庸曰好學近乎智力行近乎仁知恥近乎勇積小之能大者其惟仲尼乎學者所以反情治性盡才者也親賢學問所以長德也論交合友所以相致也詩云如切如嗟如琢如

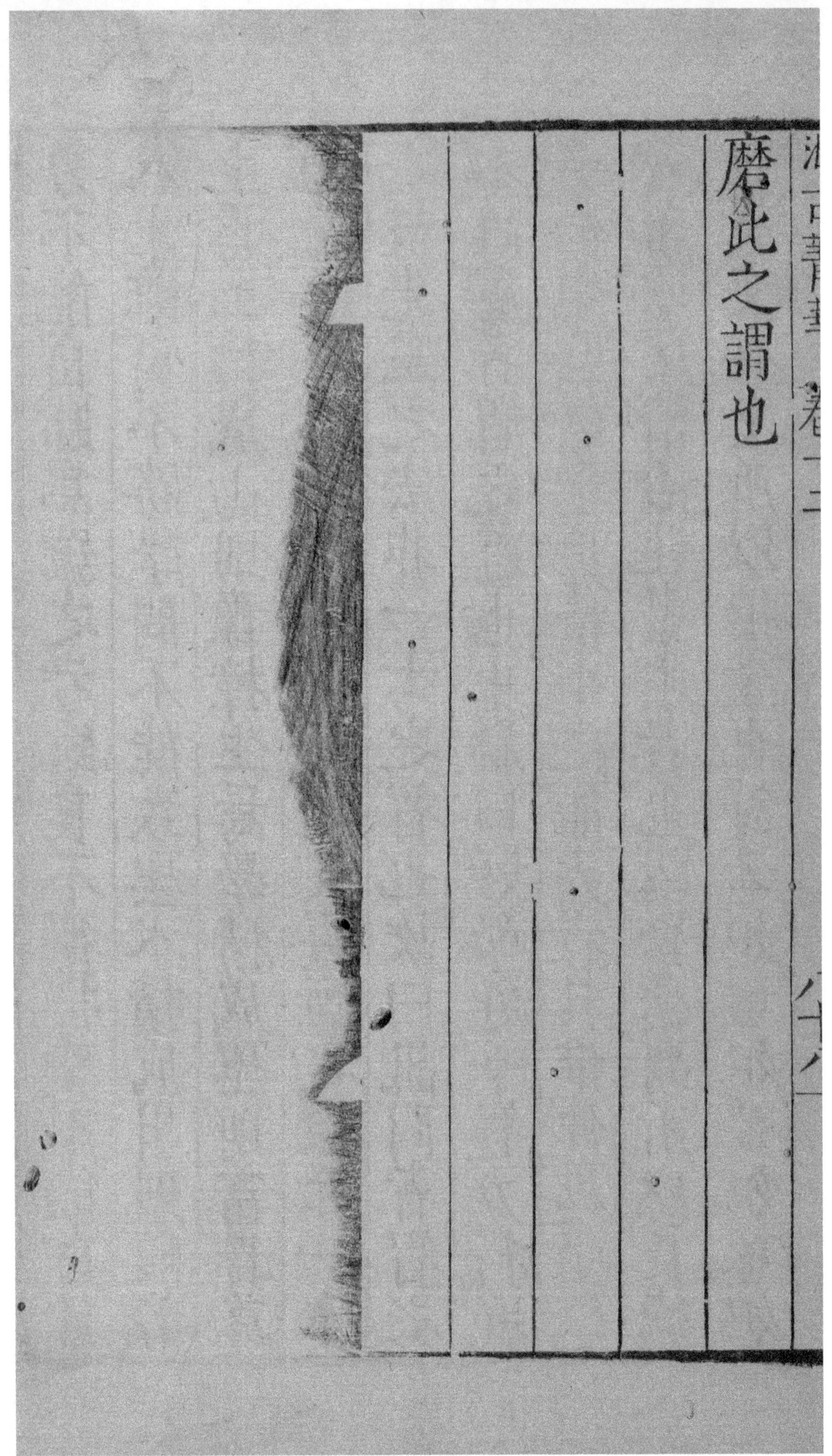

磨此之謂也

谷永論神恠

臣聞明於天地之性不可惑以神恠知萬物之情不可罔以非類諸背仁義之正道不遵五經之法言而盛稱奇恠鬼神廣崇祭祀之方求報無福之祠及言世有仙人服食不終之藥遙興輕舉登遐倒景覽觀縣圃浮游蓬萊耕耘五德朝種暮穫與山石無極黃冶變化堅冰淖溺化色五倉之術者皆姦人惑衆挾左道懷詐僞以欺罔世主聽其言洋洋滿耳若將可遇求之盪盪如繫風捕影終不

可得是以明王距而不聽聖人絶而不語昔周史萇弘欲以鬼神之術輔尊靈王會朝諸侯而周室愈微諸侯愈叛楚懷王隆祭祀事鬼神欲以獲福助卻秦師而兵剉地削身辱國危秦始皇初并天下甘心於神仙之道遣徐福韓終之屬多齎童男童女入海求神仙采藥因逃不還天下怨恨漢興新垣平齊人少翁公孫卿欒大等皆以仙人黄治祭祠事鬼使物入海求神采藥貴幸賞賜累千金大尤尊盛至妻公主爵位重絫震動海内元鼎元

封之際燕齊之間方士瞋目扼音槅掔音䛐言有神仙
祭祀致福之術者以萬數其後平等皆以術窮詐
得誅夷伏辜至初元中有天淵玉女鉅鹿神人轑
陽侯師張宗之姦紛紛復起夫周秦之末三五之
隆已嘗專意散財厚爵祿竦精神舉天下以求之
矣曠日經年靡有毫氂之驗足以揆今經曰享多
儀儀不及物惟曰不享論語說曰子不語怪神唯
陛下距絕此類毋令姦人有以窺朝者上善其言

揚雄解難

客難揚子曰凡著書者爲衆人之所好也美味期乎合口工聲調於比耳今吾子乃抗辭幽說閎音洪意眇指獨馳騁於有亡之際而陶冶大鑪滂薄羣生歷覽者玆年矣而殊不寤亶音但費精神於此而煩學者於彼譬畫者畫於無形弦者放於無聲殆不可乎揚子曰俞若夫閎言崇議幽微之塗蓋難與覽者同也昔人有觀象於天視度於地察法於人者天麗且彌地普而深昔人之辭乃玉乃金彼

豈好爲艱難哉勢不得已也獨不見夫翠虯(音因)絳
螭(音痴)之將登乎天必聳身於蒼梧之淵不階浮雲
翼疾風虛舉而上升則不能撠(音戟)膠葛騰九閎日
月之經不千里則不能燭六合耀八紘泰山之高
不嶕(音樵)嶢(音堯)則不能浡(音勃)滃(音蓊)雲而散歊(音敲)烝是
以宓(音伏)羲氏之作易也綿絡天地經以八卦文王
附六爻孔子錯其象而彖其辭然後發天地之藏
定萬物之基典謨之篇雅頌之聲不温純深潤則
不足以揚鴻烈而章緝熙蓋胥靡爲宰寂寞爲尸

大味必淡大音必希大語叫叫大道低回是以漈之耹者不可同於衆人之耳形之美者不可混於世俗之目辭之衍者不可齊於庸人之聽今夫弦者高張急徽追趨逐者（作嗜）則坐者不期而附矣試爲之施咸池揄六莖發簫韶詠九成則莫有和也是故鍾期死伯牙絶絃破琴而不肯與衆鼓獿（音猱）人亡則匠石輟斤而不敢妄斲師曠之調鍾竢知音者之在後也孔子作春秋輿君子之前覩也老聃有遺言貴知我者希此非其操哉

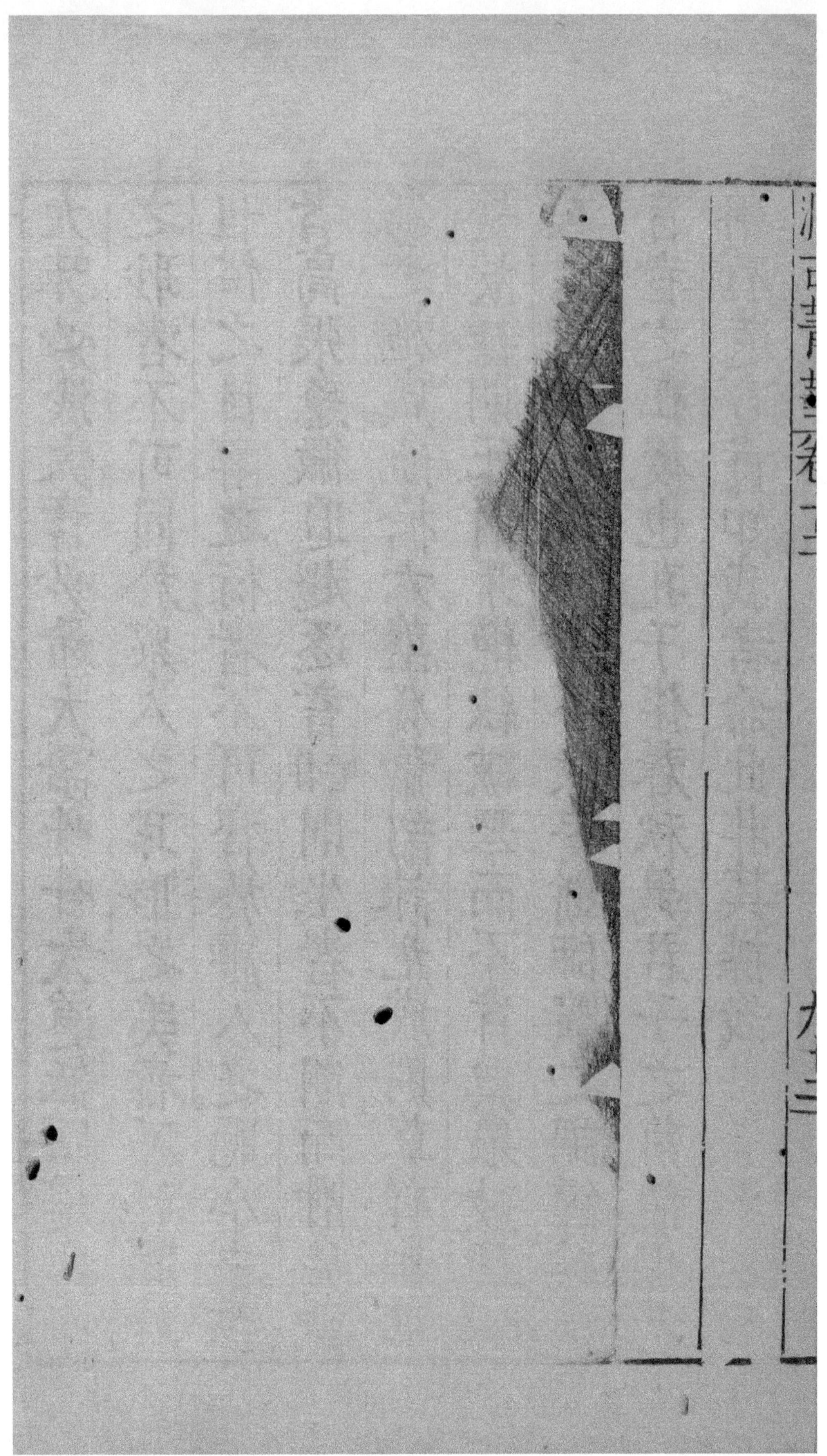

揚雄解嘲

客嘲揚子曰吾聞上世之士人綱人紀不生則已生則上尊人君下榮父母析人之珪儋人之爵懷人之符分人之祿紆青拖紫朱丹其轂今子幸得遭明盛之世處不諱之朝與羣賢同行歷金門上玉堂有日矣曾不能畫一奇出一策上說人主下談公卿目如耀星舌如電光一從一橫論者莫當顧默而作太玄五千文枝葉扶疏獨說數十餘萬言深者入黃泉高者出蒼天大者含元氣纖者入

無間然而位不過侍郎擢纔給事黃門意者玄得無尚白乎何爲官之拓落也揚子笑而應之曰客徒欲朱冊吾轂不知一跌將赤吾之族也往者周網解結羣鹿爭逸離爲十二合爲六七四分五剖並爲戰國士無常君國無定臣得士者富失士者貧矯翼厲翮恣意所存故士或自盛以橐或鑿坏（音裒）以遁是故鄒衍以頡頏而取世資孟軻雖連蹇猶爲萬乘師今大漢左東海右渠搜前番禺後陶塗東南一尉西北一候徽以糾墨製以鑕鈇散以

禮樂風以詩書曠以歲月結以倚廬天下之上雷動雲合魚鱗雜襲咸營于八區家家自以爲稷契人人自以爲皐陶戴縰（音徙）垂纓而談者皆擬於阿衡五尺童子羞比晏嬰與夷吾當途者升青雲失路者委溝渠旦握權則爲卿相夕失勢則爲匹夫譬若江湖之崖渤（音勃）澥（音懈）之島乘鴈集不爲之多雙鳧飛不爲之少昔三仁去而殷墟二老歸而周熾子胥死而吳亡種蠡存而越霸五羖入而秦喜樂毅出而燕懼范雎以折（音舌）摺（音臘）而危穰侯蔡澤

以噤音禁吟音吝而笑唐舉故當其有事也非蕭曹子房平勃樊霍則不能安當其無事也章句之徒相與坐而守之亦無所患故世亂則聖哲馳騖而不足世治則庸夫高枕而有餘夫上世之士或解縛而相或釋褐而傅或倚夷門而笑或橫江潭而漁或七十說而不遇或立談間而封侯或枉千乘於陋巷或擁帚彗而先驅是以士頗得信音申其舌而奮其筆窒隙蹈瑕而無所詘也當今縣令不請士郡守不迎師羣卿不揖客將相不俛眉言奇者見

疑行殊者得辟是以欲談者卷舌而同聲欲行者擬足而投迹鄉使上世之士處乎今世策非甲科行非孝廉舉非方正獨可抗疏時道是非高得待詔下觸聞罷又安得青紫且吾聞之炎炎者滅隆隆者絕觀雷觀火爲盈爲實天收其聲地藏其熱高明之家鬼瞰其室攫（音恪）拏（音奴）者亡默默者存位極者宗危自守者身全是故知玄知默守道之極爰清爰靜游神之庭惟寂惟寞守德之宅世異事變人道不殊彼我異時未知何如今子乃以鴟梟

而笑鳳凰執蝘(音偃)蜓而嘲龜龍不亦病乎子之笑我玄之尚白吾亦笑子之病甚不遇俞跗(音趺)與扁鵲也悲夫客曰然則靡玄無所成名乎范蔡以下何必玄哉楊子曰范雎魏之亡命也折脅拉(音臘)髂(音格)免於徽索翕肩蹈背扶服入橐激卬萬乘之主介涇陽抵穰侯而代之當也蔡澤山東之匹夫也顉(音欽)頤折頞涕唾流沫西揖強秦之相搤(音益)其咽而亢其氣拊其背而奪其位時也天下已定金革已平都於洛陽婁敬委輅脫輓攄三寸之舌建不

拔之策舉中國徙之長安適也五帝垂典三王傳禮百世不易叔孫通起於枹鼓之間解甲投戈遂作君臣之儀得也呂刑靡敝秦法酷烈聖漢權制而蕭何造律宜也故有造蕭何之律於唐虞之世則悖矣有作叔孫通儀於夏殷之時則惑矣有建婁敬之策於成周之世則繆矣有談范蔡之說於金張許史之間則狂矣夫蕭規曹隨留侯畫策陳平出奇功若太山嚮若阺音是隤音頹雖其人之膽智哉亦會其時之可爲也故爲可爲於可爲之時則

從爲不可爲於不可爲之時則凶若夫藺生收功於章臺四皓采榮於南山公孫創業於金馬驃騎發跡於祁連司馬長卿竊貲於卓氏東方朔割炙於細君僕誠不能與此·數子者並故默然獨守吾太玄。

楊雄諫不受單于朝書

臣聞六經之治貴於未亂兵家之勝貴于未戰二者皆微然而大事之本不可不察也今單于上書求朝國家不許而辭之臣愚以爲漢與匈奴從此隙矣匈奴本北地之狄五帝所不能臣三王所不能制其不可使隙甚明臣不敢遠稱請引秦以來明之以秦始皇之强蒙恬之威帶甲四十餘萬然不敢窺西河乃築長城以界之會漢初興以高祖之威靈三十萬衆困於平城士或七日不食時奇

譎之士石畫之臣甚衆卒其所以脫者世莫得而言也又高皇后嘗忿匈奴羣臣庭議樊噲請以十萬衆橫行匈奴中季布曰噲可斬也妄阿順指於是大臣權書遺之然後匈奴之結解中國之憂平及孝文時匈奴侵暴北邊候騎至雍甘泉京師大駭發三將軍屯細柳棘門灞上以備之數月乃罷孝武卽位設馬邑之權欲誘匈奴使韓安國將三十萬衆徼(音要)於便墜(地字)匈奴覺之而去徒費財勞師一虜不可得見況單于之面乎其後深惟社稷

之計規恢萬載之策乃大興師數十萬使衛青霍去病操兵前後十餘年於是浮西河絕大幕破寘顏襲王庭窮極其地追奔逐北封狼居胥山禪於姑衍以臨瀚海虜名王貴人以百數自是之後匈奴震怖益求和親然而未嘗稱臣也且夫前世豈樂傾無量之費役無罪之人快心於狼望（地名）之北哉以爲不一勞者不久佚不暫費者不永寧是以忍百萬之師以摧餓虎之喙運府庫之財填盧山（山名）之壑而不悔也至本始之初匈奴有桀心欲掠

烏孫侵公主乃發五將之師十五萬騎獵其南而長羅侯以烏孫五萬騎震其西皆至質而還時鮮有所獲徒奮揚威武明漢兵若風雷耳雖空行空反尚誅兩將軍故北狄不服中國未得高枕安寢也逮至元康神爵之間大化神明鴻恩溥洽而匈奴内亂五單于爭立日逐呼韓邪攜國歸死扶伏稱臣然尚羈縻之計不顓制自此之後欲朝者不距不欲者不彊何者外國天性忿鷙形容魁健負力怙氣難化以善易隸以惡其彊難詘其和難得

故未服之時勞師遠攻傾國殫貨伏尸流血破堅拔敵如彼之難也既服之後慰薦撫循交接賂遺威儀俯仰如此之備也往時嘗屠大宛之城蹈烏桓之壘探姑繒之壁（姑繒西南種）藉蕩姐之場（蕩姐羌屬）艾朝鮮之旃拔兩越之旗近不過旬月之役遠不離二時之勞固已犂其庭掃其閭郡縣而置之雲徹席卷後無餘菑惟北狄爲不然真中國之堅敵也三垂比之懸矣前世重之茲甚未易可輕也今單于歸義懷款誠之心欲離其庭陳見於前此乃上

世之遺策神靈之所想望國家雖費不得已者也柰何距以來厤之辭疏以無日之期消往昔之恩開將來之隙夫款而隙之使有恨心負前言緣往辭歸怨於漢因以自絕終無北面之心威之不可諭之不能焉得不爲大憂乎夫明者視於無形聰者聽於無聲誠先於未然卽蒙恬樊噲不復施棘門細柳不復備馬邑之策安所設衛霍之功何得用五將之威安所震不然一有隙之後雖智者勞心於內辯者轂擊於外猶不若未然之時也且往

者圖西域制車師置城郭都護三十六國費歲以太萬計者豈爲康居烏孫能踰白龍堆而寇西邊哉乃以制匈奴也夫百年勞之一日失之費十而愛一臣竊爲國不安也惟陛下少留於未亂未戰以遏邊萌之禍

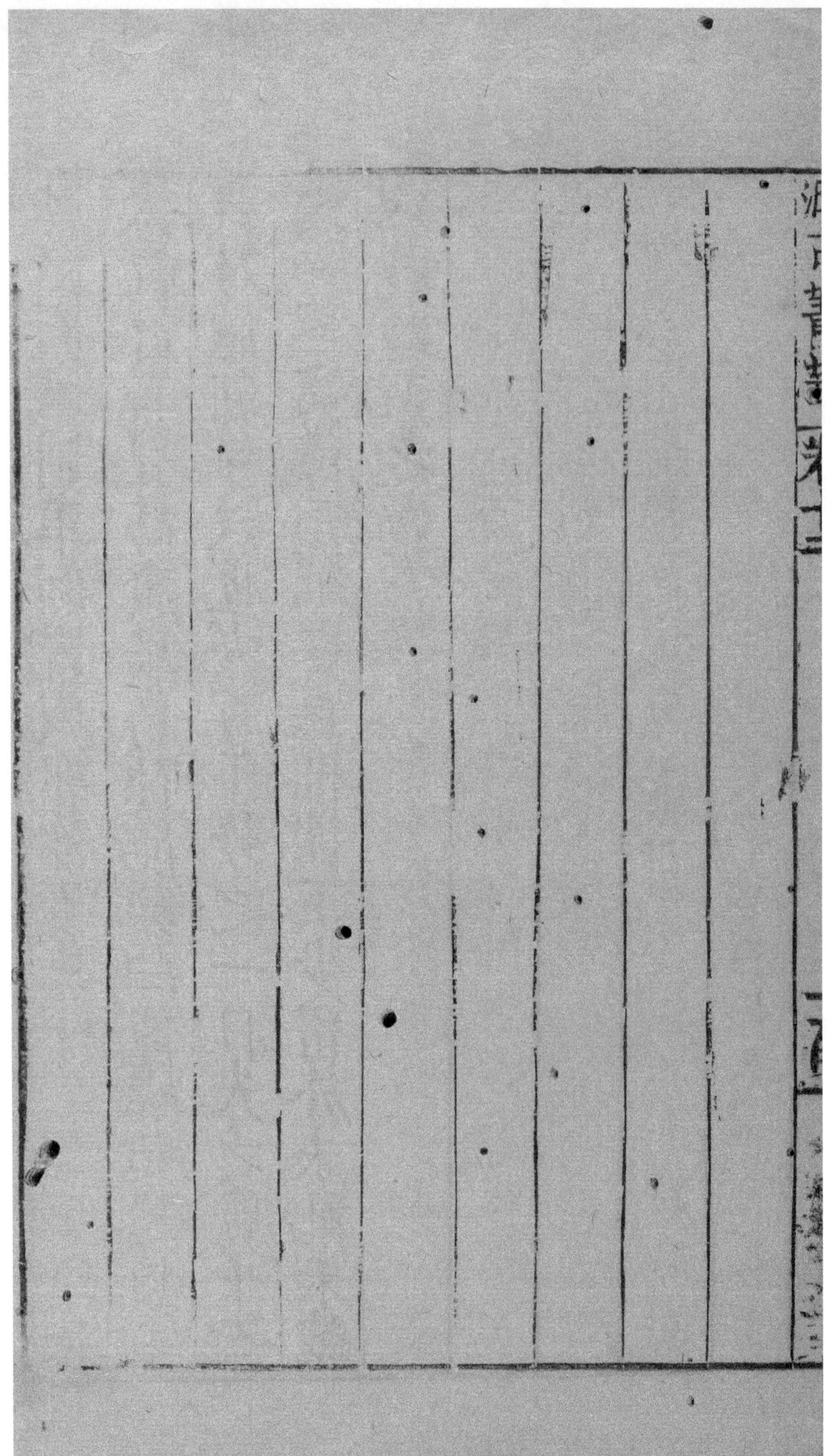

梅福論王氏書

臣聞箕子佯狂於殷而爲周陳洪範叔孫通遁秦歸漢制作儀品夫叔孫先非不忠也箕子非疏其家而畔親也不可爲言也昔高祖納善若不及從諫若轉圜聽言不求其能舉功不考其素陳平起於亡命而爲謀主韓信拔於行陳而建上將故天下之士雲合歸漢爭進奇異知者竭其策愚者盡其慮勇士極其節怯夫勉其死合天下之知并天下之威是以舉秦如鴻毛取楚若拾遺此高祖所

以無敵於天下也孝文皇帝起於代谷非有周召之師伊呂之佐也循高祖之法加以恭儉當此之時天下幾平繇是言之循高祖之法則治不循則亂何者秦爲亡道削仲尼之跡滅周公之軌壞井田除五等禮廢樂崩王道不通故欲行王道者莫能致其功也孝武皇帝好忠諫說至言出爵不待廉茂慶賜不須顯功是以天下布衣各厲志竭精以赴闕廷自衒鬻者不可勝數漢家得賢於此爲盛使孝武皇帝聽用其計升平可致於是積尸暴

骨快心胡越故淮南王安緣閒而起所以計慮不成而謀議泄者以衆賢聚於本朝故其大臣勢陵不敢和從也方今布衣乃窺國家之隙見間而起者蜀郡是也及山陽亡徒蘇令之群蹈藉名都大郡求黨與索隨和而亡逃匿之意此皆輕量大臣亡所畏忌國家之權輕故匹夫欲與上爭衡也士者國之重器得士則重失士則輕詩云濟濟多士文王以寧廟堂之議非草茅所當言也臣誠恐身塗野草尸并卒伍故數上書求見輒報罷臣聞齊

桓之時有以九九見者桓公不逆欲以致大也今臣所言非特九九也陛下距臣者三矣此天下士所以不至也昔秦武王好力任鄙叩關自鬻繆公行伯繇余歸德今欲致天下之士民有上書求見者輒使詣尚書問其所言言可采取者秩以升斗之祿賜以一束之帛若此則天下之士發憤懣吐忠言嘉謀日聞于上天下條貫國家表裏爛然可睹矣夫以四海之廣士民之數能言之類至衆多也然其雋傑指世陳政言成文章質之先聖而不

繆施之當世合時務若此者亦亡幾人故爵祿束帛者天下之底石高祖所以厲世磨鈍也孔子曰工欲善其事必先利其器至秦則不然張誹謗之罔以爲漢歐除倒持泰阿授楚其柄故誠能勿失其柄天下雖有不順莫敢觸其鋒此孝武皇帝所以辟地建功爲漢世宗也今不循伯者之道乃欲以三代選舉之法取當世之士猶察伯樂之圖求騏驥於市而不可得亦已明矣故高祖棄陳平之過而獲其謀晉文召天王齊桓用其讎亡益於時

不顧逆順此所謂伯道者也一色成體謂之醇白黑雜合謂之駁欲以承平之法治暴秦之緒猶以鄉飲酒之禮理軍市也今陛下既不納天下之言又加戮焉夫鳶音緣鵲遭害則仁鳥增逝愚者蒙戮則知士深退間者愚民上疏多觸不急之法或下廷尉而死者衆自陽朔以來天下以言爲諱朝廷尤甚羣臣皆承順上指莫有執正何以明其然也取民所上書陛下之所善試下之廷尉廷尉必曰非所宜言大不敬以此卜之一矣故京兆尹王章

資質忠直敢面引廷爭孝元皇帝擢之以厲具臣而矯曲朝及至陛下戮及妻子且惡惡止其身王章非有反畔之辜而殃及家折直士之節結諫臣之舌羣臣皆知其非然不敢爭天下以言爲戒最國家之大患也願陛下循高祖之軌杜亡秦之路數御十月之歌留意亡逸之戒除不急之法下亡諱之詔博覽兼聽謀及疏賤令深者不隱遠者不塞所謂辟四門明四目也且不急之法誹謗之微者也往者不可及來者猶可追方今君命犯而主

戚奪外戚之權日以益隆陛下不見其形願察其景建始以來日食地震以率言之三倍春秋水災亡與比數陰盛陽微金鐵爲飛此何景也漢興以來社稷三危呂霍上官皆母后之家也親親之道全之爲右當與之賢師良傅教以忠孝之道今乃尊寵其位授以魁柄使之驕逆至於夷滅此失親親之大者也自霍光之賢不能爲子孫慮故權臣易世則危書曰毋若火始庸庸勢陵於君權隆於上然後防之亦亡及已

師丹論限民名田疏

古者税民不過什一其求易共使民不過三日其力易足民財内足以養老盡孝外足以事上共税下足以畜妻子極愛故民說從上至秦則不然用商鞅之法改帝王之制除井田民得買賣富者田連阡陌貧者亡立錐之地又顓川澤之利管山林之饒荒淫越制踰侈以相高邑有人君之尊里有公侯之富小民安得不困又加爲更卒已復爲正一歲屯戍一歲力役三十倍於古田租口賦塩鐵

之利二十倍於古或耕豪民之田見稅什伍故貧民常衣牛馬之衣而食犬彘之食重以貪暴之吏刑戮妄加民愁亡聊亡逃山林轉爲盜賊赭衣半道斷獄歲以千萬數漢興循而未改古井田法雖難卒行宜少近古限民名田以贍不足塞幷兼之路鹽鐵皆歸於民去奴婢除專殺之威薄賦斂省繇役以寛民力然後可善治也

滙古菁華卷十二終